인공지능과 영상 미디어
생태계의 진화

AI문고

인공지능 시대입니다. 기계가 인간의 인지를 대신하고, 사물이 인간을 통하지 않고 다른 사물과 직접 커뮤니케이션합니다. 이에 따른 인간 삶과 문명 변화를 정확히 이해·예측·대응하는 것은 이 시대 우리 모두의 과제입니다. AI문고는 인공지능 기술과 환경의 여러 주제를 10가지 키워드로 정리합니다. 관련 개념과 이론, 학계와 산업계의 쟁점, 우리 일상의 변화를 다룹니다. 인간과 기술의 현재, 미래를 세심히 분석합니다.

일러두기

- 인명, 작품명, 저서명, 개념어 등은 한글과 함께 괄호 안에 해당 국가의 원어를 병기했습니다.
- 외래어 표기는 현행 어문규정의 외래어표기법을 따랐습니다. 다만 '솔루션', '딥러닝', '딥마인드', '딥페이크' 등은 관행을 따랐습니다.

처음이세요?

전문가세요?

인공지능과 영상 미디어 생태계의 진화

김광집·이재현

대한민국, 서울, 커뮤니케이션북스, 2025

인공지능과 영상 미디어 생태계의 진화

지은이 김광집·이재현
펴낸이 박영률

초판 1쇄 펴낸날 2025년 2월 28일

커뮤니케이션북스(주)
출판 등록 2007년 8월 17일 제313-2007-000166호
02880 서울시 성북구 성북로 5-11
전화(02) 7474 001, 팩스(02) 736 5047
commbooks@commbooks.com
www.commbooks.com

ISBN 979-11-7307-727-2 03500

책값은 뒤표지에 표시되어 있습니다.

차례

AI를 바라보는 두 가지 시선

인공지능(AI)의 발전으로 인해 변화를 가장 먼저 체감한 대표적인 산업 중 하나가 영상 미디어일 것이다. AI가 콘텐츠 창작에 적극적으로 활용되면서, 영상 미디어 산업은 인공지능으로 인한 변화를 이미 뚜렷하게 경험하고 있다. 다른 산업에서는 아직 그 영향을 직접적으로 느끼지 못했을 수도 있지만, 이 분야에서는 AI가 가져온 혁신이 현실로 다가오고 있다.

급변하는 영상 미디어 시대에 AI의 등장을 두고 두려움과 기대 두 가지 시선이 공존하고 있다. 2023년 9월 25일 미국작가조합(Writers Guild of America, WGA) 파업이 148일 만에 종료되었다. 이는 WGA 역사상 두 번째로 긴 파업이었다. 타결된 합의안에는 기존 작가가 작성한 시나리오를 AI가 편집할 수 없다는 내용과 AI 활용을 작가에게 강요할 수 없다는 내용이 담겨 있었다(유건식, 2023). WGA 파업의 주요 원인은 바로 AI로 인한 생계 위협이었다. 반면, 2024년 10월에 열린 대한민국 AI국제영화제에서는 104개국 총 2067개 AI 영화 작품이 접수되며 성

황을 이뤘다. 이외에도 세계 3대 영화제 중 하나인 베니스국제영화제에서 AI 단편 영화제를 진행했고, 부산, 두바이, 뉴욕 등에서 AI 국제 영화제가 열리며 새로운 창작 가능성에 대한 기대가 커지고 있다. 이처럼, 인공지능 창작자들의 일자리를 빼앗을 것이라는 부정적인 시각과 인공지능을 활용하여 창작의 확장성을 높일 수 있다는 긍정적인 시각이 존재한다. 그렇다면 우리는 AI를 어떻게 바라봐야 하는 것일까?

과거에서 답을 찾아보자. 영상 미디어는 사진이 발명된 순간부터 오늘날까지 현대 사회에서 가장 영향력 있는 매체로 자리 잡아 왔다. 기술의 발전과 함께 제작 시간을 단축하거나 효율성을 높이는 방향으로 진화해 왔다. 이 과정에서 여러 번의 변화와 위협의 순간들이 있었다. 대표적으로 디지털 전환이 있다. 아날로그에서 디지털로의 전환은 영상 미디어 산업에서 중요한 전환점이었다. 많은 사람이 디지털 전환에 저항하며 필름 제작 방식의 종말을 우려했지만, 디지털 기술의 수용은 제작 비용 절감, 효율성 증대, 새로운 창작 가능성을 열었다. 특히 디지털 편집 기술은 영화 제작 시간을 단축하고 더 많은 창의적 시도를 가능하게 했으며, 이는 산업 전반의 성장을 촉진했다. 하지만, 이러한 변화에 주도적으로 대응하지 못한 사례도 있다. 대표적으로 필름 사진 업계의 강자였던 코닥(Kodak)이다. 최초의 디지털카메라를 개발한 엔지니어 스티브 새슨(Steven Sasson)이 코닥 소속 엔지니어였으며, 디지털카메라에 대한 특허를 보유하는 등 기술적 우위를 점하고 있었기에, 당시 디지털 전환을 누구보다 먼저 준비할 수 있었다(장우경, 2024). 하지만, 디지털 전환에 따른 산업 판도의 구조적 변화를 과소평가하고, 새로운 경쟁자들의 움직임을 제대로 파악하지 못해 결국 2012년 파산한다(박종민, 2016).

이제 우리는 AI라는 커다란 파도를 맞이할 준비를 해야 한다. 미래를 명확하게는 알 수 없지만, 경계하고 대비해야 한다. AI의 발전을 바라보는 것이 아니라 함께해야 한다.

AI 시대의 영상 미디어 생태계

4차 산업 혁명은 컴퓨터와 인터넷 등의 기술 발전으로 촉발되었고, 나아가 인공지능의 발전으로 확장되었다. 인공지능은 과거에는 상상도 할 수 없었던 방식으로 우리의 삶과 다양한 산업에 변화를 가져왔다. 이러한 변화는 단순한 기술적 진보를 넘어 인간의 소통과 창작 방식 전반을 재구성하고 있다.

특히 영상 미디어 산업은 AI 기술의 발전에 따라 기획, 제작, 유통 전반에서 혁신적인 전환점을 맞이하며, 영상 미디어 콘텐츠의 생산성과 접근성이 비약적으로 증가했다고 평가하고 있다.

이 책에서는 AI 기술이 영상 미디어 생태계에 가져온 변화를 분석하고, 현재와 미래의 가능성을 탐구하며, 이를 통해 창작자와 산업 종사자들이 준비해야 할 방향성을 제시하고자 한다. 또한, 영상 미디어가 제작되어 유통 및 소비되는 각 과정에서 AI가 활용되는 사례를 통해 영상 미디어 생태계의 발전 방향을 모색해 보고자 한다.

AI와 영상 미디어 생태계의 진화를 심층적으로 다루기 위해 다음과 같은 세 가지 기준으로 이 책을 썼다. 첫째, 역사적 맥락과 현재의 흐름을 이야기한다. 영상 미디어는 기술의 발전과 함께했다. 과거 흑백 사진에서 영화, 방송과 OTT, AI로 이어지는 발전 과정을 조망하며, 영상 미디어 생태계를 구성하고 있는 각 요소에서 AI가 어떻게 활용되고 있는지 그리고 기존 시스템과 어떠한 차이가 있는지 분석하고자 한다. 이를 통해, 독자들이 AI의 등장으로 영상 미디어 생태계에 나타난 구체적인 변화와 그 의미를 학습하고, AI와 영상 미디어의 관계를 과거와 현재의 연속선상에서 바라볼 수 있도록 도움을 주고자 한다.

둘째, 실제 사례를 중심으로 접근한다. 챗지피티(Chat GPT)가 등장한 지 2년 만에 국내에서는 AI로 제작된 영화가 개봉했고, AI 기반 버추얼 휴먼이 아나운서로 등장하는 등 산업 전반에서 혁신적인 변화가 이루어지고 있다. 또한, 국내외 국가와 기업들의 적극적인 투자가 이뤄지고 있으며, 방송국과 대형 스튜디오에서는 AI를 영상 미디어 콘텐츠 제작 과정에서 적극적으로 활용하는 사례들이 증가하고 있다. 이와 같이 다양한 실제 사례를 중심으로 독자들에게 AI 기술이 단순한 개념을 넘어 실질적으로 어떻게 활용되고 있는지 설명한다. 이를 통해, AI가 더 이상 먼 곳이 아닌 우리 주변에서 활용되고 있음을 체감하게 하고자 한다.

셋째, 기술적 혁신과 한계, 윤리적 쟁점을 다룬다. 모든 기술에는 명암이 존재한다. AI에 혁신적인 측면이 존재하지만, 반대로 데이터의 편향성과 저작권 문제와 같은 윤리적, 법적 쟁점도 있다. 또한, 몇몇 사람들은 AI가 모든 것을 해결할 수 있는 것처럼 이야기하지만, 분명한 한계도 존재한다. AI 기술의 한계를 이해하는 것은 이를 올바르게 활용하기 위한 첫 번째 단계다. AI는 인간의 가능성을 확장해 주는 도구로서 강력한 잠재력을 지니고 있지만, 그 사용 방식과 한계에 대한 명확한 인식이 없으면 부작용을 초래할 수 있다. 결국, 도구를 사용하는 것은 인간이다. AI가 가진 기술적 한계와 윤리적 문제를 분석하고, 이를 통해, 신중하게 AI를 사용하는 방법을 고민하게 하고자 한다.

이 책의 구성

이 책은 어떻게 하면 현장에서 AI를 잘 이해할 수 있을지에 대한 고민의 결과다. 단순히 AI에 대한 기술적 정보를 제공하는 것을 넘어, AI와 영상 미디어의 융합이 가져올 기회와 도전을 다각적으로 조망한다. 기존 영상 미디어 생태계를 구성하고 있는 창작자, 소비자, 플랫폼 등 각 요소를 중심으로 분석했다.

AI와 영상 미디어 생태계의 진화에 대해 알아보기 위해서는 영상 미디어의 역사와 발전 방향을 알아야 한다. 과거 기술의 발전이 영상 미디어 생태계의 미친 영향을 이해함으로써, AI가 바꾸게 될 미래를 이해할 수 있을 것이다. 1장에서는 사진의 등장부터 디지털 전환, 인공지능의 등장까지 역사적 순서로 알아보았다. 이를 통해 인공지능과 영상 미디어의 융합을 통한 앞으로의 발전 방향과 활용 방안을 예측할 수 있을 것이다.

2장에서는 AI가 창작자에 미치는 영향이 무엇인지 논의했다. AI는 어떻게 활용될 것이며, 과연 창작자는 대체될 것인지 답을 찾아본다.

3장, 4장, 5장에서는 영상 미디어 콘텐츠 기획 및 제작 과정과 연기자와 관련해 AI가 어떻게 활용되고 있는지 실제 사례를 중심으로 알아보았다. 또한, 각 단계에서 활용할 수 있는 대표적인 솔루션의 명칭과 특징을 정리하여 제공함으로써, 독자들도 손쉽게 시도해 볼 수 있도록 안내했다.

6장과 7장은 AI 기술이 콘텐츠 제작 영역뿐만 아니라 영상 미디어 콘텐츠의 유통 과정에서도 활발히 활용되고 있음을 실제 사례를 중심으로 정리했다.

8장에서는 영상 미디어 플랫폼에서 활용되고 있는 AI에 대해 이야기했다. 대표적인 글로벌 OTT 플랫폼인 넷플릭스와 유튜브 사례를 기반으로 정리했다. 이를 통해, AI 기술이 소비자에게도 직접적인 영향을 미치고 있음을 이야기한다.

9장에서는 인공지능 기술이 가지고 있는 한계와 윤리적, 법적 쟁점에 대해서 이야기했다. 창작자가 AI를 활용하며 가져야 하는 자세와 안전한 테두리 안에서의 활용 방안에 대해 논의한다. 10장에서는 AI 시대의 미래를 준비하는 우리의 자세에 대해 창의성과 교육을 중심으로 논의했다.

이 책이 AI 기술이 영상 미디어 생태계에 가져온 혁신과 한계, 이를 둘러싼 사회적, 윤리적 과제를 다각도로 조망함으로써 독자들이 영상 미디어 생태계의 새로운 진화를 이해하고, AI와 함께 영상 미디어의 미래를 준비할 수 있도록 돕는 변화의 길잡이가 되길 바란다.

참고문헌

대한민국AI국제영화제. https://www.gcon.or.kr/

박종민(2016.02.16). 첨단기술 갖춘 코닥이 망한 이유는 디지털 발전을 과소평가했기 때문. 한경코리아마켓, https://www.hankyung.com/article/2016021582811

오승은(2023). AI vs 미디어 산업 대립 구도의 혁신 가능성, https://www.copyright.or.kr/information-materials/trend/tmis/view.do?brdctsno=52758

유건식(2023). 미국작가조합(WGA) 파업 종결, 무엇이 달라질까. ≪방송작가≫, 212권 12호, 31~34.

장우경(2024). 『기업의 판도를 흔드는 AI 초혁신』. 매일경제신문사.

01
흑백 필름에서 인공지능까지

흑백 필름을 컬러로 복원하고 손상된 부분까지 생성하는 AI 시대다. 과거부터 현재까지의 영상 미디어 생태계의 발전 과정을 요약하고, AI 등장 이후 생태계에 어떠한 영향을 미쳤는지, 어떤 변화가 일어나고 있는지 다룬다.

AI와 1인 창업?

시간 단축의 역사

미디어는 메시지다. 세계적인 미디어 학자인 마셜 매클루언(Marshall McLuhan)이 그의 책 『미디어의 이해』에서 주장한 말이다. 그는 미디어 자체가 메시지의 형식과 전달 방식에 큰 영향을 미친다고 했다. 이 책의 부제인 '인간의 확장(the extensions of man)'이라는 말처럼, 미디어의 발전은 기술적 진보를 넘어 인간 소통 방식의 변화와 확장을 위한 과정임을 강조한다(매클루언, 1999).

미디어의 발전은 단축의 역사라고 해도 과언이 아니다. 더 빠르게 정보를 생성하고 전달하고자 했던 인간의 욕구는 기존 한계를 극복하고 효율성을 높이는 과정을 통해 새로운 미디어를 창조해 왔다. 초기에는 이미지를 제작하거나 메시지를 전달하는 데 오랜 시간이 걸렸지만, 기술의 혁신을 통해 점점 더 빠르고 간편한 방식으로 미디어 생태계를 변화시켜 오고 있다.

사진의 탄생: 기록 시간의 단축

지금으로부터 약 200년 전인 1826년, 프랑스의 조제프 니엡스(Joseph Niépce)는 아스팔트를 이용해 빛을 고정하는 기술 '헬리오그래피(heliography)'를 발명했다. 이를 통해 만들어진 것이 최초의 흑백 사진으로 평가받는

'그라의 창문에서 본 풍경(View from the Window at Le Gras)'이다. 사진은 그 당시 인쇄를 이용한 텍스트 중심의 정보 전달 방식에서 벗어나 특정 순간의 시각적 정보를 프레임에 고정하여 제공할 수 있는 광학 매체의 시초였다. 물론, 그림을 통해 시각적 정보를 일부 재현할 수는 있었으나, 사진은 그림이 가진 한계인 정보의 '신뢰성(reliability)과 무결성(integrity)'을 확립하는 데 기여했다(김성희 · 심지선, 2019). 그러나 조제프 니엡스의 사진술은 고정된 상태에서 8시간 이상의 노출 시간이 필요했기에 대중의 큰 관심을 이끌지는 못했다.

사진 대중화의 초석을 다진 것은 루이 다게르(Louis Daguerre)가 1839년, 기존 노출 시간을 약 15분 정도로 획기적으로 줄인 다게레오타이프(Daguerreotype)를 발표한 것이다. 다게레오타이프는 상대적으로 짧은 노출 시간을 가능하게 하여 사진을 실용적인 기록 매체로 자리를 잡게 했다. 루이 다게르는 이러한 공로를 인정받아 프랑스 정부로부터 '사진의 아버지'라는 칭호를 받는다.

초기 사진은 회화를 대체하면서 인물의 초상 사진과 배경 사진을 위주로 기록되었다. 사진 기술이 점차 대중화되면서 이미지 정보를 전달하는 미디어적 의미를 가지게 된다. 미국의 초상 사진가로 활약하던 매슈 브래디

(Matthew Brady)는 1861년 남북 전쟁이 발발하자 동료 사진가들과 함께 전장으로 나가 직접 전쟁 사진을 촬영하여 기록했다. 당시 전쟁에 대한 정보는 참전한 군인에게 구전으로 듣거나, 회화로 볼 수 있었다. 사진은 역사의 순간적인 모습을 이미지로 기록할 수 있었기에 전쟁에 참혹한 모습을 여과 없이 전달할 수 있었다(뉴홀, 1949).

이처럼 사진은 진실성과 정확성을 기반으로 시각적 정보를 기록 및 전달함으로써, 미디어 생태계의 진화에 중요한 기초를 마련했다(김성희 · 심지선, 2019).

영화의 탄생: 정보 전달 시간의 단축

다게레오타이프 이후 사진 기술의 지속적인 발전으로 순간을 빠르게 기록할 수 있을 정도가 되면서, 여러 장의 사진을 통해 순간의 움직임을 기록하여 더 정확하고 많은 정보를 전달하고자 하는 시도들이 생겨났다. 이는 새로운 기술적 한계와 시간 단축에 도전하는 과정이었다. 1878년, 스탠퍼드대학교 창립자 릴런드 스탠퍼드(Leland Stanford)는 말이 달릴 때 네 다리가 동시에 떠 있는지 확인하고자 에드워드 마이브리지(Eadweard Muybridge)에게 실험을 요청한다. 마이브리지는 여러 대의 카메라를 일렬로 배치하고, 말이 트리거 장치를 지나면서 셔터가 순차적으로 작동하는 촬영 장치를 만들었다. 말이 달리는 모습을 순차적으로 촬영한 여러 장의 사진들을 이어 붙여, 그 움직임을 시각적으로 표현할 수 있는 방법을 제안했다. 이는 시간과 연속성을 시각적으로 표현할 수 있는 새로운 차원을 열었다. 정적인 이미지를 움직임으로 확장하려는 노력이 영상이라는 새로운 미디어의 초석을 다진 순간이었다(민경원, 2014).

마이브리지의 움직임에 대한 연구 이후 1891년, 토머스 에디슨(Thomas Edison)은 연속적인 이미지를 촬영할 수 있는 키네토그래프(Kinetograph), 촬영된 이미지를 움직이는 영상으로 볼 수 있는 키네토스코프(Kinetoscope)를 개발했다. 하지만 키네토스코프는 한 명의 관람자가 작은 구멍을 통해 혼자 관람하는 형태로 개발되어, 대중적으로 여러 사람이 함께 영화를 관람하는 데 한계가 있었다. 이러한 관람 방식과는 다르게 1895년, 뤼미에르 형제는 여러 사람이 함께 영화를 볼 수 있는 시네마토그래프(Cinematograph)를 개발한다. 시네마토그래프는 카메라, 인화기, 프로젝터의 기능을 모두 갖춘 장치로, 여러 사람이 동시에 영화를 볼 수 있는 단체 상영이 가능했다. 뤼미에르 형제는 움직이는 이미지인 영화를 대중 앞에 선보이며 영상 미디어의 시대를 열었다.

초기 영화는 기록 매체로서 역할을 수행한다. 뤼미에르 형제의 초기 영화 〈공장에서 나오는 노동자들(La Sortie de l'usine Lumière à Lyon)〉(1895), 〈기차의 도착(L'Arrivée d'un train en gare de La Ciotat)〉(1895)과 같이 일상적인 순간을 담아 내며 현실을 있는 그대로 기록하는 데 초점을 맞췄다. 단순히 움직이는 이미지의 재현이라는 기술에 중점을 둔 것이다.

하지만 영화는 변화를 맞이한다. 1902년, 당시 마술사였던 조르주 멜리에스(Georges Méliès)는 스토리, 연속적인 장면 구성과 세트 디자인 등 연극의 요소를 가져와 영화 〈달나라 여행(A Trip to the Moon)〉(1902)을 제작한다. 판타지와 특수 효과를 활용하여 영화가 단순히 현실의 기록을 넘어 창의적인 상상력을 표현할 수 있는 예술적 매체임을 증명한 것이다. 이후 에드윈 포터(Edwin S. Porter)의 〈미국 소방수의 하루(Life of an American Fireman)〉(1903) 등 사건과 시간의 흐름을 조합하는 편집 기술을 이용해 관객에게 감정적이고 극적인 경험을 제공했다. 영화가 단순한 기록을 넘어 문화적 · 예술적 표현의 도구로 발전하게 되는 계기를 맞이하게 된 것이다(민경원, 2014).

영화의 발명은 영상 미디어의 개척을 이끌며 대중문

화 형성에 크게 기여했다. 영화는 시청각 정보를 동시에 전달함으로써 감정적이고 몰입적인 경험을 제공하는 새로운 매체로 자리 잡았다. 이러한 영화의 발전은 촬영, 조명, 편집, 음향, 기획 등 다양한 제작 기술과 기법의 발전을 촉진했으며, 할리우드와 같은 대규모 영상 미디어 제작 환경을 형성하는 계기가 되었다. 이로써 영화는 영상 미디어 생태계의 시작을 열며, 오늘날의 미디어 산업 전반에 걸쳐 영향을 미친 핵심 매체로 평가받고 있다.

무선 전신과 방송의 출현: 커뮤니케이션 거리의 단축

영화가 영상 미디어를 개척하고 있던 동시대에, 다른 한쪽에서는 커뮤니케이션의 공간과 거리의 한계를 극복하기 위한 다양한 시도들이 병행되었다. 대표적으로 1876년, 알렉산더 그레이엄 벨(Alexander Graham Bell)은 전화기를 발명하며 커뮤니케이션의 물리적 거리 제약을 축소했다. 당시 전화기는 단순히 대화의 수단을 넘어 뉴스, 날씨, 설교 등 정보 전달을 위한 엔터테인먼트 기능까지 확장되었다. 하지만 당시 통신 케이블과 같은 물리적 매체에 의존하고 있었기 때문에, 보다 자유롭고 신속한 정보 전달의 필요성이 제기되었다. 이는 곧 새로운 발명과 혁신의 원동력으로 작용하게 된다.

굴리엘모 마르코니(Guglielmo Marconi)는 이러한 제약을 타파하고자 무선 전신을 발명했다. 1901년, 그는 대서양을 횡단하는 무선 신호 송출에 성공함으로써, 커뮤니케이션의 시간적 및 공간적 제약을 획기적으로 극복했다. 이 무선 전신의 성공은 단순한 기술적 혁신을 넘어, 소통 방식을 근본적으로 변화시켰다. 무선 전신은 군사적, 상업적 목적뿐만 아니라 일반 대중의 소통 방식에도 영향을 미쳤고, 이러한 혁신은 곧 라디오라는 새로운 매체의 탄생으로 이어졌다.

1920년 KDKA 방송국은 라디오를 통해 선거 결과를 실시간으로 전달하면서 정보와 오락이 즉각적으로 대중에게 전달되는 새로운 커뮤니케이션 패러다임을 제시했다. 라디오는 정치적, 사회적 사건을 즉각적으로 전달하는 매체로서 역할을 공고히 했고, 대중은 가정 내에서 전 세계의 소식을 손쉽게 접할 수 있게 되었다. 이러한 변화를 통해 대중의 관심사가 급격하게 변화했으며, 정보에 대한 접근이 용이해짐에 따라 사회적 의사소통 역시 비약적으로 활성화되었다(김은규, 2013).

이후, 무선 통신의 발전은 방송의 출현으로 이어졌다. 1936년, BBC는 정기적인 텔레비전 방송을 개시하며 정지된 이미지와 음성을 넘어 움직이는 이미지를 실시간으로 전달하는 데 성공했다. 텔레비전은 기존 영화가 가지고 있는 영화관이라는 공간의 제약을 없애고, 대중에게 새로운 시각적 경험을 제공함과 동시에, 정보와 오락을 통합적으로 전달하는 강력한 매체로 자리매김했다.

무선 전신과 방송의 출현은 영상 미디어 생태계의 발전을 가속하는 중요한 전환점이 되었다. 텔레비전은 단순한 정보 전달 도구 이상의 의미를 지니며, 사회적 · 문화적 변화의 촉매제로 작용하여 대중문화의 확산하는 데 중요한 역할을 했다. 즉각적인 정보 전달과 오락 제공이라는 미디어의 본질적 기능을 수행하며 현대 영상 미디어 생태계 발전의 기틀을 다졌다.

디지털의 탄생: 제작 방식의 간소화

영화와 텔레비전 방송의 출현 이후 상업적 가치를 인정받아 대규모 자본의 투입 등으로 대형 영화 제작사와 여러 방송국이 등장하면서, 영상 미디어 생태계가 본격적인 성장을 맞이한다. 다양한 영화와 방송 프로그램이 제작되고 유통되면서, 대중 매체로 자리 잡아 우리 생활 속 많은 영역에 영향을 미쳤다. 이러한 영상 미디어의 제작은 고가의 장비와 많은 인력 운용이 필요하기에 대형 영화 제작사, 방송국에서만 가능했다. 따라서 영상 미디어는 전문적인 영역으로 인식되었고, 창작자와 시청자는 명확하게 구분되었다.

하지만 디지털 기술의 발전으로 이러한 영상 미디어 생태계의 구조가 큰 변화를 맞이한다. 1975년, 스티븐 새슨(Steven Sasson)이 개발한 필름이 필요 없는 디지털 카메라는 촬영과 저장의 과정을 혁신적으로 단축했다. 디지털카메라는 기존의 아날로그 방식의 복잡한 촬영, 현상, 편집 과정을 대체하며 영상 제작의 접근성을 획기적으로 향상시켰다. 이는 디지털 시대의 서막을 알리며 영상 미디어의 대중화를 이끄는 중요한 전환점이 되었다.

이후, 개인용 컴퓨터(PC)의 등장과 다양한 편집, 그래픽 소프트웨어의 개발 등으로 디지털 기술은 영상 미디어 제작 공정의 효율화를 이루었으며, 비용 절감뿐만 아니라 더 많은 사람에게 영상 콘텐츠를 직접 제작할 수 있는 기회를 제공했다. 이는 영상 미디어의 민주화를 촉진하는 중요한 계기가 되었다.

디지털카메라가 제작 공정의 혁신을 가져왔다면, 인터넷의 등장은 유통의 혁신을 가져왔다. 개인이 만든 영상 미디어를 전 세계에 실시간으로 공유할 수 있는 새로운 환경이 구축된 것이다. 1990년대 후반부터 시작된 인터넷의 상용화는 영상 미디어 유통의 패러다임을 크게 변화시켰다. 유튜브(Youtube)와 같은 플랫폼의 등장은 콘텐츠를 더 이상 특정 매체나 플랫폼에 독점되지 않으며, 전 세계 누구나 손쉽게 접근하고 소비할 수 있는 것으로 만들었다. 이로 인해 전통적인 방송사의 역할은 변화했으며, 영상 미디어의 중심이 점점 대형 방송사와 스튜디오에서 개인과 소규모 제작자들로 이동하게 되었다. 개별 창작자들은 전통적인 경로를 거치지 않고도 대중과 소통할 수 있게 되었으며, 창작자들 사이의 경쟁을 통해 더욱 질 높은 콘텐츠가 등장하는 계기가 되었다.

디지털 기술과 네트워크의 발전은 영상 미디어 생태계를 근본적으로 변화시켰다. 오늘날의 현대 미디어 생태계는 이러한 변화의 연장선상에서 폭발적인 성장을 이루었으며, 전 세계적인 커뮤니케이션 네트워크의 발전과 결합하여 그 영향력을 더욱 넓혀 가고 있다.

AI의 등장: 시간 단축에서 가능성의 확장으로

2016년 게시된 뉴스 기사의 제목을 한번 읽어 보자. "'인공지능시대' 살아남을 직업은?… 문화 · 예술 관련직."

구글의 알파고가 이세돌 9단을 이긴 후 게시된 뉴스 기사다. 당시만 해도 인공지능은 자동화로 단순 직무를 대체할 것이며 사진, 미술, 작가 등 창작 영역을 대체할 수 없을 것이라 생각했다. 하지만 2022년 등장한 오픈 AI(Open AI) 챗지피티(Chat GPT)는 과거 영상 미디어가 발전해 온 수십 년의 시간에 비해 매우 짧은 시간 만에 영상 미디어 생태계의 패러다임을 바꾸고 있다.

오늘날 AI는 단순히 시간과 노력을 효율적으로 줄이는 것을 넘어, 영상 미디어 창작의 가능성을 확장하는 데 중요한 역할을 하고 있다. 과거 기술의 발전이 주로 시간 단축과 효율성 증대를 목표로 했다면, AI의 등장은 창작의 새로운 지평을 여는 데 초점을 맞추고 있다. 흑백 사진을 빠르게 인화하는 기술을 넘어 컬러 복원, 손상된 이미지 복구, 그리고 움직임을 상상해 표현하는 일까지 가능해진 것이다.

특히, 이러한 변화는 AI가 콘텐츠를 제작할 수 있게 되면서 창작의 패러다임이 변화를 맞이하고 있다. 자연어 처리 기술을 통해 시나리오를 생성하거나, 생성된 시나리오를 기반으로 이미지와 영상을 제작하는 등의 기술 혁신을 통해 창의적인 작업을 수행할 수 있게 되었다. 과거에는 수개월이 걸리던 영상 제작을 AI의 도움으로 며칠 만에 완료할 수 있으며, 창작자들이 상상만 했던 것들을 몇 번의 클릭만으로 실현할 수 있게 하여 더 많은 아이디어를 실험하고 빠르게 실행에 옮길 수 있는 환경을 제공하고 있다.

또한, AI는 영상 미디어의 유통과 개인화(Personalization)에도 큰 영향을 미치고 있다. 스트리밍 플랫폼에서 AI 알고리즘은 시청자의 취향을 분석하고, 그에 맞는 맞춤형 콘텐츠를 추천함으로써 소비자 경험을 더욱 풍부하게 만든다. 이는 창작자들이 특정 타깃을 겨냥한 콘텐츠를 제작하는 데서도 매우 중요한 역할을 하고 있으며, 소비 방식 자체를 혁신하고 있다.

결국, AI는 영상 미디어 창작의 효율성을 높이는 것뿐만 아니라 창작의 경계를 확장하는 도구로 자리 잡고 있다. 이는 단순한 자동화 수준을 넘어서, 인간과 AI가 협력하여 새로운 창작물을 만들어 내는 협업의 시대를 열고 있는 것이다. 이제 우리는 AI라는 조력자를 통해 영상 미디어 생태계의 새로운 가능성을 탐구하고, 변화에 적극적으로 적응해야 할 시점에 와 있다. AI는 더 이상 미래의 기술이 아니라, 현재의 영상 미디어 창작 환경을 근본적으로 재편하고 있는 혁신의 중심에 서 있다.

참고문헌

김성희·심지선(2019). 근현대 사진기록의 기록학적 가치인식 및 이용의사에 관한 연구. ≪한국비블리아학회지≫, 30권 2호, 245~261.
김은규(2013). 『라디오 혁명』. 커뮤니케이션북스.
김지은(2016.03.24.). '인공지능시대' 살아남을 직업은?… 문화·예술 관련직. 뉴시스, https://www.newsis.com/view/NISX20160324_0013978715
뉴홀(1949). 『THE HISTORY OF PHOTOGRAPHY』. 열화당.
마셜 매클루언(1999). 『미디어의 이해』. 커뮤니케이션북스.
민경원(2014). 『영화의 이해』. 커뮤니케이션북스.
사토 가쓰아키(2023). 『세계2.0』. 21세기북스.
오영훈·김영순(2006). 기술매체의 의미와 구조적 특성. ≪독일어문학≫, 14권 2호, 165~183.

02
AI 시대 영상 미디어 콘텐츠 창작자

AI 기술의 발전은 콘텐츠 창작자에게 큰 영향과 변화를 야기했다. 개인 창작이 활발해지고, 프로덕션의 제작 프로세스는 간소화되고 있다. 영상 미디어 생태계를 구성하고 있는 여러 요소 중 창작자에 대해 논의한다.

AI와 MBTI?

AI가 가져올 창작 환경과 창작자의 변화

아날로그에서 디지털로의 전환은 영상 미디어 생태계를 혁신적으로 변화시켰다. 2000년대 초반, 디지털카메라와 논리니어(Non-linear) 편집 소프트웨어의 등장은 개인이 직접 영상 콘텐츠를 제작할 수 있는 가능성을 열었다. 기술의 발전과 함께 유튜브(Youtube), 비메오(Vimeo)와 같은 플랫폼, 그리고 스마트폰 등 혁신적인 도구들이 등장하면서, 영상 미디어 생태계는 새로운 시대를 맞이했다. 창작자 측면에서는 영상 콘텐츠를 제작하는 데 이전보다 큰 비용이 들지 않게 되면서, 개인과 소규모 제작자들이 영상 미디어 생태계의 주체로 자리 잡게 되었다(배기형, 2016).

오늘날, AI의 등장은 또 한 번 영상 미디어 생태계에 거대한 변화를 예고하고 있다. 디지털 기술의 발전이 미디어의 성장과 대중화를 이끌었던 것처럼, AI는 창작의 방식과 그 결과물의 수준을 근본적으로 재구성할 가능성을 열고 있다. 그렇다면, AI는 영상 미디어 창작에 어떤 변화를 가져오고 있을까? AI가 영상 미디어 창작 환경과 창작자에게 미치는 영향을 살펴보고자 한다.

누구나 창작자가 될 수 있는 AI 시대

기존 아날로그에서 디지털로의 전환으로 대규모 장비와 인력이 혁신적으로 간소화되며 영상 미디어 제작 공정의 효율화를 이뤘으며, 비용 절감과 대중이 영상 콘텐츠를 직접 제작할 기회를 제공했다. 이에, 디지털 기술의 발전이 영상 미디어의 민주화를 촉진했다고 평가한다. 그럼에도, 영상 미디어 제작에서 여전히 제작의 단계별 –사전 제작(Pre-Production), 제작(Production), 후반 제작(Post-Production)– 역할은 분명하게 구분되어 있었다. 기획 단계에서는 시나리오 작업과 스토리보드 작성이 이루어지고, 제작 단계에서는 카메라와 조명, 마이크 등을 활용해 촬영이 진행된다. 후반 작업에서는 촬영된 영상을 가지고 편집, 색 보정, 음악 작업 등이 수행된다(장지헌, 2014). 각 단계에서 기술적 접근성이 이전보다 좋아졌다 할지라도 1인 창작자가 모든 작업을 진행하는 것은 여전히 비효율적이었다. 예를 들어, 시나리오 작가가 레코딩 프로그램을 이용해 작곡을 할 수는 있지만, 높은 수준의 콘텐츠를 만드는 데는 분명 오랜 시간이 걸릴 수밖에 없다. 이처럼, 콘텐츠 제작에는 경험과 오랜 노력이 중요한 요소로 작용해 왔다. 각 단계에서 필요한 기술을 습득하고 이를 높은 수준으로 구현하기 위해서는 많은 시간과 반복적인 학습이 필요했으며, 이는 한 사람이 영상 제작의 모든 부분을 완벽히 수행하기 어렵게 만들었다. 이러한 이유로 과거의 창작 과정은 기술적 숙련도와 경험을 쌓기 위한 긴 여정을 필요로 했다. 하지만 AI 시대에는 이러한 제한이 점점 희미해지고 있다. 이제 AI로 인해 영상 미디어 창작 환경이 바뀌고 있는 것이다.

AI는 영상 미디어 창작 환경을 어떻게 변화시키고 있는가? 첫째, AI는 창작자의 기술 접근성을 혁신적으로 높이고 있다. 1인 콘텐츠 제작이 가능한 시대라고 하지만, 다양한 테크닉이 포함된 높은 수준의 영상을 제작하기 위해서는 별도의 인력을 구성해야만 한다. 예를 들어 특수 분장과 3D 그래픽 기술이 들어간 호러 영화를 제작해야 한다면, 아무리 짧은 단편 영화를 제작한다고 하더라도 최소 수십 명의 기술 인력이 필요할 것이다. 하지만, AI는 시대에는 수십 명의 기술자가 필요하지 않을 수 있다. 2024년 권한슬 감독의 생성형 AI 영화 〈One more pumpkin〉이 두바이 국제 AI 영화제에서 수상했다. 배우, 음악, 촬영, 그래픽 모두 생성형 AI를 활용했으며, 단 한 컷의 촬영도 이루어지지 않았고, 제작 팀원 내 3D 그래픽이나 VFX 디자이너도 없었다. 공포・호러 장르로

그래픽 효과가 가득 담긴 이 영화를 제작하는 데 단 5일이 소요되었다. 또한, 대부분 오픈 소스를 활용해 제작비도 많이 들지 않았다고 한다(한영주, 2024). AI 창작 환경에서는 기존 영상 미디어 제작 환경에서 구분된 역할은 점점 모호해지며, 창작자와 기술자의 경계가 사라지고 있다. 기술을 알아야지만 사용할 수 있었던 과거와 달리 최소한의 비용과 인력으로 누구나 원하는 장면을 만들 수 있게 된 것이다.

둘째, AI는 작업 속도의 혁신적인 향상으로 단시간에 수많은 콘텐츠를 생산할 것이다. AI의 발전으로 기존 작업 프로세스가 간소화되거나 생략되면서 더 빠르게 콘텐츠를 생산할 수 있게 되었다. 대표적으로 국내 금융 정보 제공사인 연합인포맥스는 생성형 AI 기술을 활용하여 자동으로 뉴스 콘텐츠를 제작하고 있다. 기사를 요약해 방송에 적합한 대본을 작성하고, AI 아나운서 목소리로 콘텐츠를 제작하거나 기존 방송영상을 숏폼(Short-Form) 형태의 콘텐츠로 자동 제작한다(김고은, 2024). 이처럼, 자동 편집, 실시간 자막 생성, 음성 변경 등 AI의 기능을 통해 제작이 더욱 간편해짐으로써 콘텐츠의 수가 이전에는 볼 수 없었을 만큼 폭발적으로 늘어날 것이다. 디지털 전환기에 발생한 콘텐츠 생산량의 증대보다 더 빠르고 더 많아지고 있다. AI가 영상 미디어 생태계의 캄브리아기 대폭발을 촉진한 것이다. 이는 나아가 창작자들 사이의 경쟁으로 콘텐츠의 전반적인 수준과 시청자의 기대치도 점차 높일 것이다.

AI가 창작자를 대체할 수 없다

앞선 사례를 보았을 때, 많은 사람이 우려하는 것처럼 AI가 영상 미디어 창작자를 대체할 것이라는 생각이 드는가? 아닐 것이다. 창작자는 대체할 수 없다. AI는 창작자들을 기술 중심에서 크리에이티브 중심으로 변화시켰다. AI가 반복적이고 기술 집약적인 작업을 대신 수행하지만, 창작자의 상상력과 감성을 대체할 수는 없다. AI는 창작의 본질까지는 침범하지 못한다. 오히려 창작자의 가치를 더욱 강조한다. 창작자는 여전히 주제를 설정하고, 스토리를 구성하며, 감정을 전달하는 핵심적인 역할을 수행한다. 기술이 발전함에 따라 창작자가 더욱더 크리에이티브에 집중할 수 있게 도와주는 것이 AI의 가장 큰 가치다.

AI를 다양하게 표현하지만, AI는 분명한 조력자다. 창작자가 더 나은 결과물을 창작할 수 있도록 도와주는 역할을 한다. 창작자에게 아이디어를 제공하고, 창작 과정에서 반복적인 작업을 줄여 주며, 창작자가 자신의 아이디어를 실현하는 데 더 많은 가능성을 제시해 준다. 선택과 결정은 창작자의 권한이다.

과거 어도비(Adobe) 포토샵(Photoshop)이 처음 등장했을 때, 많은 이들은 디자이너의 시대가 끝났다고 이야기했다. 그러나 오늘날 결과적으로 포토샵은 디자이너들의 가치를 더욱 높이는 도구가 되었다(이나미, 2017). 마찬가지로, AI 역시 창작자를 대체하는 것이 아니라 창작의 경계를 확장하고 창작자의 역량을 강화하는 조력자로서 자리 잡을 것이다.

AI와 창작자가 협력하여 더 혁신적이고 개인화된 콘텐츠를 제공하는 시대가 열리고 있다. 변화하는 기술 환경 속에서 창작자들은 새로운 도구와 방식을 끊임없이 배우고 탐구해야 한다. AI 시대에 적응하는 창작자는 더욱 창의적인 방식으로 자신의 이야기를 전할 수 있을 것이며, 이는 창작의 본질을 더욱 빛나게 할 것이다.

참고문헌

김고은(2024.10.08). '연합인포, 기사를 1분 만에 방송뉴스·숏폼으로 뚝딱?, https://journalist.or.kr/m/m_article.html?no=56845

배기형(2016). 『MCN』. 커뮤니케이션북스.

이나미(2017). 시대 변화에 따른 디자인 영역 변화에 대한 고찰.

홍익대학교 디자인콘텐츠대학원 석사 학위 논문.
장지헌(2014). 『영상제작입문』. 한경사.
한영주(2024). AI 시장의 현재와 AI 영상 제작,
http://tech.kobeta.com/ai-%EC%8B%9C%EC%9E%A5%EC%9D%98-%ED%98%84%EC%9E%AC%EC%99%80-ai-%EC%98%81%EC%83%81-%EC%A0%9C%EC%9E%91/

03
기획, 시나리오와 이미지 생성

챗지피티(Chat GPT), 미드저니(MidJourney) 등 AI 기술을 활용하여 손쉽게 시나리오와 이미지를 생성할 수 있는 시대다. 실제 산업 현장의 적용 사례를 통해 영상 미디어 제작에서 기획, 연출자가 AI를 활용하는 방법에 대해 논의한다.

AI와 난임 극복?

AI 시대 프리-프로덕션의 변화

전통적인 영상 미디어에서 기획(Pre-Production) 단계는 초기 구상 단계로 시나리오 분석 및 기획, 스토리보드 제작, 캐스팅, 촬영 준비 등으로 구성된다. 영상 미디어의 핵심적인 이야기를 창작하는 단계부터 촬영을 진행하기 전에 필요한 모든 과정에 해당한다(김하연 · 안예인 · 백병수 · 김동환, 2024). 이러한 과정은 각 분야의 전문가들이 세분된 역할에 맞춰 창작의 전체적인 방향을 설정하고 구체화하는 작업을 수행한다. 이는 상당한 시간과 비용을 요구하며, 각 요소가 유기적으로 결합해야만 비로소 완성도 높은 결과물을 도출할 수 있다. 또한 아이디어를 도출에서 실제 구현에 이르는 모든 과정은 고도의 경험과 창작자의 독창성을 요구하며, 각 분야의 전문적인 지식이 집약된 복잡한 절차로 이루어져 있다.

최근 AI의 도입은 이러한 전통적인 기획 과정에 획기적인 변화를 가져오고 있다. AI는 단순히 자동화를 구현하는 것을 넘어서, 기획 단계의 각 요소에서 창작자에게 중요한 조력자로서 자리 잡으며 작업 시간과 비용을 대폭 줄이고 창의적 가능성을 확장하고 있다. 이러한 AI의 도입은 기획의 효율성을 높이는 동시에 창작자들이 더 깊이 있는 창의적 아이디어에 집중할 수 있는 환경을 제공하는 것이다. 대표적인 사례를 알아보자.

AI를 활용한 흥행 가능성 분석

영화, TV 드라마 등 영상 미디어 산업은 비즈니스의 특성상 위험 부담을 동반한다. 제작 과정에서의 막대한 투자비가 투입되기에 시청자와 관객의 반응, 사회 분위기와 미디어 트렌드 등을 정확히 예측하지 못하면 투자비 회수가 어려워질 수도 있다. 이러한 리스크를 관리하기 위해 AI를 활용한 흥행 예측 기술이 도입되고 있다. 기존 경험 많은 제작자들의 직관에 의존하던 방식보다 더 객관적이고 정밀한 결과를 제공할 수 있어 최근 영상 미디어 산업에서 각광받고 있다. AI는 과거의 흥행 데이터뿐만 아니라 현재의 관객 피드백과 소셜 미디어 트렌드까지 실시간으로 분석함으로써 더욱 정교한 예측을 가능하게 한다. 관객들이 소셜 미디어에서 특정 배우나 영화 장르에 대해 언급하는 빈도와 감정을 분석해 흥행 가능성을 평가할 수 있다. 이러한 방식으로 AI는 영화 관객에 대한 다각적이고 깊이 있는 분석을 통해 그들의 요구를 파악하고, 이를 반영한 스토리텔링과 마케팅 전략을 도출하여 영화 제작자들의 기대를 충족시키고 있다.

대표적으로 미국 로스앤젤레스에 본사를 둔 인공지능

기술 회사 시네리틱(Cinelytic)은 AI를 활용하여 기획자들에게 시장의 객관적인 정보와 통찰력을 제공하는 AI 분석 솔루션을 개발했다. 이 회사는 15년 동안 나사(National Aeronautics and Space Administration, NASA)에서 위험 평가 모델(risk assessment models)을 구축해 온 데브 센(Dev Sen)과 파라마운트(Paramount), 워너브라더스(Warner Bros.)에서 제작 담당 임원을 지낸 크리스천 몬티(Christian Monti)가 공동 창립했다.

시네리틱은 장기간 수집된 기존 영화의 흥행 실적 데이터를 기반으로 머신 러닝을 이용하여 흥행작의 패턴을 학습하고 19가지 속성을 바탕으로 미래 이익을 추론함으로써, 대본의 흥행 전망과 효율적인 재무 모델을 제안한다(차우진 · 강신규 · 이수엽, 2021).

시네리틱의 캐스팅 분석(Talent Analytics) 솔루션은 기존 흥행 실적 데이터와 영화의 주제 및 주요 출연 배우에 대한 정보를 상호 참조함으로써 숨겨진 흥행 패턴을 도출한다. 이를 통해 배우 캐스팅에 따른 흥행 예측 결과를 단 몇 분 만에 제공할 수 있다.

또한, 시네리틱은 대본을 검토하고 장단점을 요약한 커버리지(coverage)를 제공하는 칼라이아(Callaia)라는 솔루션을 제공한다. 칼라이아는 1분 안에 대본의 줄거리, 독창성을 평가하여 추천 배우, 예산 규모, 흥행 가능성, 투자 적절성 등 대한 정보를 제공할 수 있다. 이로 인해 매년 수많은 대본 속에서 좋은 대본을 찾기 위한 인력과 시간 투자를 아낄 수 있게 되었다. 실제 이러한 기능의 분석 결과가 기존 전문가들의 의견과 유사하고, 흥행 성적과 상당히 일치함을 보여 주었다. AI 기술이 다양한 이해 관계자들이 더 나은 의사 결정을 내릴 수 있도록 지원하며, 영상 미디어 산업의 효율성과 창의성을 동시에 향상하는 데 기여하는 것이다.

AI를 활용한 시나리오 기획과 작성

AI가 인간의 고유 영역이라 여겼던 스토리 창작 분야까지 영향을 미치고 있다. AI는 시놉시스 생성뿐만 아니라 스토리보드 제작과 캐릭터 개발에도 관여하고 있으며, 최근에는 대화형 AI 모델을 통해 복잡한 대사와 서사 구조를 작성하는 데 활용되고 있다(함경준 · 김선중 · 이호재 · 곽창욱, 2018). 이러한 현상에 대해 미국 할리우드에서는 AI가 창작자의 저작권 및 일자리를 대체할 것이라는 우려의 목소리를 냈다. 2023년 5월에는 미국작가조합(WGA)이 이러한 우려를 반영하여 무기한 파업을 선언하기도 했고, 그 결과 기존 작가의 시나리오를 AI가 편집할 수 없다거나, AI 활용을 작가에게 강요할 수 없다는 등의 내용이 담긴 합의를 도출했다(유건식, 2023).

AI에 의한 변화를 위협으로 바라보는 시선도 있지만, 많은 창작자가 미래의 영상 미디어 산업 발전을 위해 AI와 협업하는 방향으로 나아가고 있다. 창작자들이 기본 아이디어를 확장하고 대화 및 플롯 전개를 보다 효율적으로 수행할 수 있도록 도와주는 역할을 AI가 수행하고 있다.

대표적으로 그린라이트에센셜(Greenlight Essentials)은 인공지능을 활용한 영화 제작 솔루션을 개발했다. 이 솔루션은 시놉시스 생성, 스토리라인 구성, 캐릭터 분석 등 다양한 기능을 통해 초기 기획 단계에서의 효율성을 높여 준다. 또한, AI는 관객의 선호도를 분석해 가장 흥미로울 만한 줄거리와 캐스팅 조합을 추천하며, 시나리오의 특정 요소가 흥행에 미치는 영향을 미리 평가하는 기능도 제공한다(함경준 외, 2018). 이와 유사하게 챗지피티 모듈을 기반으로 하는 슈도라이트(Sudowrite)는 창작자들이 내러티브를 구상하고 캐릭터를 구체화할 수 있도록 지원하며, 시나리오나 소설의 창작 과정에서 중요한 역할을 하고 있다(국회도서관, 2023).

최근에는 창작자의 아이디어를 돕는 보조 역할에 그

치지 않고 창작 과정의 중심에서 참여하는 사례도 늘고 있다. 미국의 만화 작가 앤디 허드(Andy Herd)는 드라마 〈프렌즈〉의 기존 에피소드를 신경망을 통해 학습시키고, 그 후속 이야기를 AI가 작성하도록 시도했다. 이 시나리오는 일부 수정만으로도 충분히 사용할 수 있을 정도로 높은 완성도를 보였다는 평가를 받기도 했다(함경준 외, 2018).

AI를 활용한 이미지 생성

AI의 발전으로 인한 가장 큰 변화는 콘텐츠를 제작할 수 있게 되었다는 것이다. AI는 초기 이미지 생성에서 큰 강점을 나타내었다. 2014년 이언 굿펠로(Ian Goodfellow)에 의해 제안된 GAN(Generative Adversarial Networks)은 두 개의 신경망이 서로 경쟁하며 새로운 이미지를 생성하는 모델로서, AI를 활용한 이미지 제작의 가능성을 제시했다(Goodfellow et al., 2014).

이후, 트랜스포머(Transformer) 기반 모델과 디퓨전(Diffusion) 모델이 도입되면서, 상용화된 다양한 솔루션들이 제시되었다. 대표적으로 오픈AI(Open AI)에서 개발한 달리(DALL-E)가 있다. 이미지 생성 모델로, 텍스트를 기반으로 이미지를 생성한다. GPT(Generative

Pre-trained Transformer) 아키텍처와 CLIP(Contrastive Language-Image Pretraining)을 결합하여 텍스트와 이미지의 연관성을 학습하고, 이를 통해 고품질의 이미지를 생성한다(Egorova & Ryjov, 2024). 복잡한 구체적 요청에도 대응할 수 있는 높은 수준의 세밀함이 특징이다. 두 번째는 미드저니다. 달리와 동일하게 텍스트 기반으로 이미지를 생성한다. 간단한 명령어를 사용하며, 코딩 경험이 없어도 높은 품질의 이미지를 생성할 수 있는 점이 특징이다. 마지막으로는 스태빌리티AI(Stability AI)에서 개발한 스테이블 디퓨전(Stable Diffusion)이 있다. 디퓨전 모델(Diffusion Model)을 기반으로 하며, 이는 이미지에 점진적으로 노이즈를 추가하고 이를 제거하는 과정을 통해 이미지를 생성하는 방식이다. 오픈소스 인터페이스를 제공하여 사용자가 별도의 비용을 지불하지 않고 사용할 수 있는 것이 특징이며, 고해상도의 정밀한 이미지를 생성하는 데 특화되어 있다.

이러한 기술의 발전은 영상 미디어 산업에서 기존 작업 프로세스를 혁신적으로 바꾸었다. 대표적인 사례로 스토리보드 자동화 시스템이 있다. 스토리보더(Story Boarder)는 기존 감독과 스토리보드 아티스트가 수작업으로 장면을 시각화하는 전통적인 방식에서 벗어나, AI

를 활용하여 대본을 입력하면 자동으로 스토리보드를 생성해 준다. 또한, 주요 장면에 대해 일관성을 유지한 채 이미지를 생성하고, 숏 리스트(Shot list)와 애니매틱까지 생성이 가능하다.

이외에도 기획 단계에서 숏 리스트, 촬영 스케줄 정리 등 노동 집약적인 작업에서도 AI가 적극 활용되고 있다.

미국 엔드큐(End Cue)에서 개발한 '애자일 프로듀서(Agile Producer)' 플랫폼은 AI 기반 자연어 처리 기술을 활용하여 대본을 분석하고, 필요한 캐릭터, 소품, 오디오/비디오 효과 등 다양한 요소들을 추천한다. 또한, 배우의 스케줄, 촬영 장소, 장비나 날씨 등을 고려하여 스케줄을 자동을 관리해 준다.

AI는 이미 영상 미디어의 기획 단계에서 창작자들에게 생산성과 창의성 모두를 증진하는 중요한 조력자로 자리 잡고 있다. 흥행 가능성 분석, 시나리오 개발, 캐릭터 구성, 스토리보드 작성, 촬영 준비 등 다양한 단계에서 AI는 창작자들과 함께 협력하며 새로운 기회를 만들어 가고 있다. 앞으로 AI 기술이 더욱 정교해짐에 따라, 단순히 창작 과정을 보조하는 도구를 넘어서, 창작자와 함께 창의적이고, 혁신적인 파트너로서 영상 미디어 산업의 미래를 확장할 것이다.

참고문헌

국회도서관(2023). 초거대 AI 한눈에 보기. ≪팩트북≫, 105권 5호, 41.

김하연·안예인·백병수·김동환(2024). 영화 창작자의 AI 사용 주체감: 프리 프로덕션에서의 시나리오 기획 단계를 중심으로. ≪Archives of Design Research≫, 37권 3호, 135~149.

스토리보더(story boarder), https://storyboarder.ai/

유건식(2023). 미국작가조합(WGA) 파업 종결, 무엇이 달라질까, ≪방송작가≫, 212권 12호, 31~34.

차우진·강신규·이수엽(2021). 『미디어 이슈 & 트렌드』. 한국방송통신전파진흥원.

함경준·김선중·이호재·곽창욱(2018). AI기술이 영상 미디어 생태계에 미치는 영향과 방향. ≪방송과 미디어≫, 23권 1호, 56~65.

Egorova, A.A. & Ryjov, A.P.(2024). Generative Intelligence Systems for Image Synthesis: Scenarios for Their Use and Related Tasks. *MoscowUniv.Comput.Math.Cybern,* 48, 45~58.

Goodfellow, I., Pouget-Abadie, J., Mirza, M., Xu, B., Warde-Farley, D., Ozair, S., Courville, A., & Bengio, Y.(2014). Generative Adversarial Networks, https://doi.org/10.48550/arXiv.1406.2661

Radford, A., Narasimhan, K., Salimans, T., & Sutskever, I.(2018). Improving language understanding by generative pre-training. 〈OpenAI〉 https://cdn.openai.com/research-covers/language-unsupervised/language_understanding_paper.pdf

04
제작 효율을 높이는 AI 기술

AI 기반 촬영, AI 영상 제작 등 제작 단계에서 활용되는 AI 기술에 대해 알아보고, 제작 프로세스의 변화를 논의한다.

AI와 사주?

AI 시대 프로덕션 단계의 변화

영상 미디어의 실질 제작 과정인 프로덕션(Production)은 기획 단계에서 구체화된 아이디어를 현실화하는 단계로, 전통적으로는 대규모 촬영 장비와 전문 인력이 필수적이었다. 카메라 감독, 조명 감독, 음향 엔지니어, 연출자, 연기자 등 각 분야의 전문가들이 협력하여 작품의 완성도를 높여 왔다. 이러한 전통적인 방법은 촬영 준비와 실행에 많은 시간과 자원을 필요로 했으며, 날씨나 인력, 장비 문제 등 예기치 못한 여러 상황으로 인해 일정이 지연되거나 손실이 발생하는 경우도 많았다.

그러나 AI 기술의 도입으로 인해 프로덕션 단계에도 여러 변화가 일어나고 있다. AI는 제작 과정을 보다 효율적으로 만들고, 창작자들이 더욱 창의적인 요소에 집중할 수 있도록 돕고 있다. AI 기반 프로덕션은 크게 두 가지 주요 방향으로 변화하고 있다. 첫째는 AI를 활용해 프로덕션을 지원하는 방식이며, 둘째는 프로덕션 자체를 대체할 수 있는 방식이다.

AI를 활용한 프로덕션: 촬영을 도와주는 조력자

AI는 촬영 과정에서 다양한 방식으로 조력자 역할을 하고 있다. 기존 제작 방식에서는 카메라 오퍼레이터가 직접 모든 설정과 조작을 담당했지만, AI 기술의 발전은 자동화된 카메라 시스템을 통해 촬영의 효율성을 크게 높이고 있다.

2024년 2월 MBC에서 세계 최초 AI가 연출을 맡은 〈PD가 사라졌다〉를 방송했다. 실제 AI 기술로 만들어진 프로듀서 'M파고'가 캐스팅부터 연출, 실시간 편집 등의 역할을 수행하며, 출연자들과 게임을 진행하는 획기적인 콘셉트의 예능 프로그램으로 많은 관심을 받았다(윤권수 · 권한슬 · 변문경 · 스토리피아랩, 2024). 이와 함께 촬영 기술 측면에서도 이목을 집중시켰다. 사방이 LED 벽으로 된 스튜디오에서 16대의 PTZ(Pan, Tilt, Zoom) 카메라를 단 4인이 각 4대씩 맡아 오퍼레이팅했다. 카메라마다 1명의 오퍼레이터가 필요했던 과거에 비해 4분의 1 수준의 인력으로 운용이 가능하게 되었다(방송과기술, 2024). PTZ 카메라는 고정식 모터를 이용해 좌우 회전, 수직 기울기, 줌(zoom) 등을 원격으로 조정할 수 있는 카메라를 의미한다. 최근 AI 기술이 적용되면서 컴퓨터 비전과 딥러닝 알고리즘을 활용해 피사체를 추적하는 오토 트래킹(Auto Tracking), 피사체를 인식하여 불필요한 배경을 제거 및 합성해 주는 기술 등을 포함하게 되었다. 이는 관찰 예능이나 다큐멘터리 촬영처럼 카메라 오퍼레이터를 최소화해야 하는 상황에서 다채로운 화면 구성을 가능하게 할 것이며, 그린스크린을 설치하기 어려운 상황 등에서 간편하게 활용될 수 있을 것이다.

카메라의 움직임을 조작할 뿐 아니라 AI가 최적의 카메라 내부 설정값을 추천하기도 한다. 미국 스타트업 아스널(Arsenal)은 전문 사진작가의 사진 20만 장으로 만든 데이터 세트로 모델을 트레이닝하여 사용자가 촬영하는 환경에 맞는 최적의 설정값을 추천해 준다. 셔터 스피드, 조리개, 화이트 밸런스에 대한 지식이 없더라도 원하는 느낌을 표현할 수 있도록 도와준다(NVIDIA, 2017).

AI의 발전은 콘텐츠의 확장성을 가져오기도 했다. 기존 3D 스테레오 콘텐츠를 제작하기 위해서는 반드시 두 대의 카메라를 이용한 양안 촬영을 요했지만, 이제는 단안 카메라 한 대만으로도 깊이 추정을 통해 입체적인 영상을 제작할 수 있다. 2023년 9월 한국전자통신연구원(ETRI)이 부산시와 함께 세계 최초 2D · 3D 방송 동시 전송 시스템을 개발하여 시범 방송을 진행했다. AI 모델을 통해 기존 2D 평면 영상에서 깊이 지도(Depth Map)을 추출하여 3D 스테레오 영상으로 변환하는 방식으로 개발되었다(방송과기술, 2023). 이러한 단일 카메라 기반 깊이 추정 기술은 증강현실(Augmented Reality)을 위한 공간 정보로도 활용될 수 있다. 이전에는 스테레오 비전(Stereo Vision)이나 ToF, 라이다(LiDAR) 등을 활용해야 실시간 위치 트래킹이 가능했으나, 단일 카메라를 활용하면 비용과 시간을 획기적으로 줄일 수 있다. 이는 AI 기술이 카메라에 적용되어 콘텐츠의 확장성을 보여준 좋은 사례다.

AI를 활용한 프로덕션: AI가 만드는 콘텐츠

2024년 2월 오픈AI(Open AI)에서 TTV(Text to Video) 모델인 '소라(SORA)'를 공개했다. 프롬프터를 작성하면 해당 텍스트를 기반으로 동영상을 생성해 주고, 동영상의 길이도 원하는 대로 늘릴 수 있다. 당시 소라로 제작한 높은 퀄리티의 홍보 영상은 많은 사람의 이목을 집중시켰다. 소라의 등장으로 기존 영상 미디어 제작사들은 AI만을 활용한 프로덕션의 가능성을 확인했고, 개발사들은 TTI(Text to Image), TTV(Text to Video) 기반의 다양한 생성형 AI 모델을 출시하기 시작했다. 생성형 AI는 대규모 데이터 학습과 신경망 기반의 모델링을 통해 새로운 콘텐츠를 생성하는 기술이다. 딥러닝 기반의 디퓨전 모델(Diffusion Model)이나 GAN(Generative

Adversarial Network) 기술을 사용하며, 미드저니(Mid-Journey)와 런웨이(Runway)의 젠3(Gen-3) 같은 대표적인 도구를 통해 간단한 텍스트 입력만으로도 고품질의 이미지와 영상을 제작할 수 있다. 이외에도, 구글 딥마인드에서 출시한 비오(Veo), 중국 콰이쇼우(Kuaishou) AI 팀이 개발한 클링AI(Kling AI), 루마랩스(Luma Labs)의 드림머신(Dream Machine) 등 다양한 상용 솔루션이 있다.

이러한 생성형 AI 기술의 발전으로 AI를 프로덕션의 일부로 활용하는 사례들도 점차 늘어나고 있다.

2024년 11월 세계적인 음료 회사인 코카콜라(Coca cola)에서 30년 전 공개했던 대표적인 광고 '휴일이 다가온다(Holidays Are Coming)'를 생성형 AI로 재제작하여 공개했다. 코카콜라 트리와 조명, 눈 내리는 도로, 동물과 사람 모두 AI로 제작했다. 코카콜라는 생성형 AI를 광고 등 비즈니스에 적용하는 것에 적극적으로 대응하며, 2023년부터 오픈AI, 베인앤드컴퍼니(Bain & Company) 등 AI 기업과의 협업을 통해 크리에이트 리얼 매직(Create Real Magic) 플랫폼을 구축하여 AI 홍보 마케팅 창구로 활용하고 있다.

국내에서는 LG유플러스가 자체 개발 AI 기술인 '익시

(ixi)'와 여러 AI 프로그램만을 활용해 광고를 제작했다. 익시 등 AI가 생성한 8300여 개 소스와 20만 프레임을 활용해 자율주행, 스마트시티, 양자 내성 암호 등 직접 구현하기 어려운 기술을 영상으로 표현했다. 이를 통해 기존 3D 애니메이션으로 제작하는 광고 대비 비용과 기간을 각각 40%, 70% 줄일 수 있었다고 한다.

생성형 AI는 드라마와 같은 대규모 프로젝트에서도 활발히 활용되고 있다. 국내 유명 드라마 제작사 (주)스튜디오메타케이는 제작 중인 드라마 〈왕비어천가〉의 트레일러를 생성형 AI로 제작하여 공개했다. 드라마의 배경을 표현하는 것뿐 아니라 가상 인간을 출연시켜 내러티브를 완성했다. 이는 트레일러 이외에도 드라마 제작 초기 단계에서 주요 콘셉트를 시각적으로 표현하는 방법으로서 많은 제작사의 관심을 받았다.

AI는 프로덕션 전체를 대체할 수 없다

생성형 AI 기술은 콘텐츠 제작 과정에서 시간과 비용을 절감하는 동시에 창작의 새로운 가능성을 열어 주고 있다. 기존의 제작 방식에 비해 더욱 혁신적이고 효율적인 결과물을 제공하며, 창작자들이 상상력을 더욱 자유롭게 발휘할 수 있는 기반을 마련하고 있다. 다만, 아직까지는 AI로 모든 제작 과정을 대체할 수 없다. 여전히 일관성 유지의 어려움이나 이미지 생성의 오류 등 AI가 가진 품질의 한계가 존재한다. 따라서 현재는 제작의 전체가 아닌 일부 요소를 AI로 대체하는 방식으로 진행해야 한다. 이는 배경 제작이나 콘셉트 디자인과 같은 구체적인 작업에서 AI를 적용함으로써 창작자의 작업량을 줄이고 효율성을 높이는 데 기여할 수 있을 것이다.

향후 AI 기술이 더욱 발전하면, 콘텐츠 제작의 전 과정을 책임질 수도 있을 것이다. AI가 앞으로의 영상 미디어 생태계에 가져올 큰 변화를 기대해 본다.

참고문헌

방송과 기술(2023.10.06). 부산시 2D·3D 방송 동시 전송하는 세계 최초 UHD 3D 방송 시범 송출, http://tech.kobeta.com/%ED%95%9C%EA%B5%AD%EC%A0%84%EC%9E%90%ED%86%B5%EC%8B%A0%EC%97%B0%EA%B5%AC%EC%9B%90etri-%EB%B6%80%EC%82%B0%EC%8B%9C-2d%C2%B73d-%EB%B0%A9%EC%86%A1-%EB%8F%99%EC%8B%9C-%EC%A0%84%EC%86%A1%ED%95%98/

방송과 기술(2024.04.01). MBC 에서 사용된 파나소닉의 PTZ 리모트 카메라 AW-UE160, http://tech.kobeta.com/mbc-%EC%97%90%EC%84%9C-%EC%82%AC%EC%9A%A9%EB%90%9C-%ED%8C%8

C%EB%82%98%EC%86%8C%EB%8B%89%EC%9D%98-ptz-%EB%A6%AC%EB%AA%A8%ED%8A%B8-%EC%B9%B4%EB%A9%94%EB%9D%BC-aw-ue160/

NVIDIA, 인공지능, DSLR 카메라를 새롭게 탄생시키다, NVIDIA, 2017.09.19

스토리보더(story boarder), https://storyboarder.ai/

스튜디오메타케이, https://studiometak.com

윤권수·권한슬·변문경·스토리피아랩(2024). 『생성형 인공지능으로 영화만들기』. 스토리피아.

05
연기자를 대체하는 AI 기술

AI가 연기자를 대신하는 시대다. 버추얼 휴먼부터 AI 아나운서까지 다양한 기술에 대해 알아보고, 미래 연기자의 역할까지 논의한다.

AI와 아이돌?

AI는 연기자를 대체할 수 있는가?

AI 기술의 발전은 우리가 영상 미디어 산업의 근본적인 변화를 목격하는 시대로 이끌고 있다. 특히, 'AI가 인간의 역할을 어디까지 대체할 수 있는가?'라는 질문은 영상 미디어 분야에서 배우, 아나운서 등 연기자의 역할에 대해 중요한 논쟁을 불러일으키고 있다. 이는 단순한 기술 발전의 문제가 아니라, 예술과 창작의 본질적인 가치에 대한 고민이기도 하다.

AI가 정교해짐에 따라 연기자의 역할에 대한 새로운 가능성이 열리고 있으나, AI는 인간의 고유한 창의성과 감정 표현을 완전히 대체하기에는 한계가 있다. 그럼에도 AI 기술은 연기자의 표현력과 역할을 보완하며 새로운 창작의 방향성을 제시하고 있다. 현재 관련 기술의 발전은 AI가 실존 연기자에 미치는 영향의 정도에 따라 크게 세 가지로 분류할 수 있다.

외형의 확장: 디에이징 기술

영상 미디어에서 주인공(연기자)의 과거 모습을 묘사하는 것은 흔히 볼 수 있는 연출 방식이다. 과거에는 영화나 드라마의 회상 장면에서 주인공과 닮은 젊은 배우를 섭외하거나 특수 분장을 활용하여 외형적인 모습의 변화를 주었다. 그러나 이러한 방식은 배우 간 일관성을 해칠 가능성이 있으며, 많은 시간과 비용이 소요된다는 단점이 있다. AI 기술이 발전하면서 디에이징(De-aging) 기술이 이를 해결하기 위한 방안으로 제시되고 있다(조용석, 2024).

디에이징 기술은 영화 〈엑스맨: 최후의 전쟁〉에서 패트릭 스튜어트(프로페서 X 역)와 이언 매켈런(매그니토 역)의 회상 장면에 처음 도입되었다. 초기 디에이징 기술은 특정 사건과 관련된 캐릭터의 어린 시절이나 젊은 시절을 표현하는 데 제한적으로 활용되었으며, 주로 스토리의 시간적 흐름을 관객에게 명확히 전달하는 보조적 역할을 했다. 당시 기술적 한계로 인해 자연스럽지 못한 화면이 종종 연출되기도 했다. 최근의 디에이징 기술은 AI 기반 신경망 모델링을 활용하여 배우가 과거에 출연한 작품의 영상 정보를 분석하고, 이를 기반으로 현재 촬영된 영상에 자연스럽게 합성한다. 이러한 방식은 시간과 비용을 크게 절감할 뿐만 아니라, 기존의 방식보다 훨씬 높은 수준의 일관성과 자연스러움을 제공한다(한영주, 2023).

국내에서는 디즈니플러스(Disney+) 오리지널 시리즈 〈카지노〉에서 AI 기반 디에이징 기술을 사용하여 배우

최민식의 외모와 목소리를 과거의 젊은 시절로 되돌렸고, 그 결과 자연스러운 감정 전달과 서사적 연속성을 보여 주었다. 〈카지노〉에서 사용된 AI 기술은 크게 '페이스 디에이징'과 '보이스 디에이징'으로 구분된다. 페이스 디에이징은 최민식의 얼굴 주름을 지우고 피부 톤을 보정하여 각 연령대의 모습을 구현했으며, 보이스 디에이징은 그의 과거 작품에서 수집된 목소리 데이터를 기반으로 연령대별 목소리 샘플을 만들어 대사와 자연스럽게 결합했다.

디에이징 사례 외에도 반대로 나이를 더 들어 보이게 만들거나, 점이나 수염 등을 표현할 수도 있다. 이러한 기술은 배우 외형 표현의 확장을 통해 새로운 가능성을 열었으며, AI와 배우의 협업이 미래 미디어 산업의 창조적 다양성을 크게 확대할 수 있음을 보여 주는 대표적인 사례라 할 수 있다.

외형의 대체: 버추얼 휴먼

디에이징이 AI 기술을 활용하여 배우의 외형 표현을 확장하는 방법이었다면, 버추얼 휴먼은 배우의 외형을 대체하는 방법이다. 버추얼 휴먼은 AI 기술과 컴퓨터 그래픽의 결합을 통해 만들어진 가상의 인물로, 실존 배우의 목소리와 행동 등을 반영하여 연기를 구현한다. 최근 AI 음성 합성 및 얼굴 모션 캡처 기술의 발전으로 감정 전달 표현이 정교해짐에 따라 버추얼 휴먼에 대한 관심이 늘어나고 있다.

특히, 버추얼 휴먼은 시공간의 제약과 표현에 한계가 없어 다양한 분야에 맞게 적용할 수 있으며, 실제 사람에게서 발생할 수 있는 다양한 위험 요소를 효과적으로 줄일 수 있다는 장점이 있다. 이 덕분에 다양한 산업과 기업들로부터 지속가능성을 확인받아 유명 연예인 대신 공식 모델로 활동하거나 광고에 출연하고 있으며, 최근에는 영화, TV 드라마, 예능 등 영상 미디어 콘텐츠에서 버추얼 휴먼을 활용하고자 하는 수요가 커지고 있다. 버추얼 휴먼은 제작 방식에 따라 크게는 두 가지 방식으로, 즉 Full-3D 방식과 실사 합성 방식으로 분류할 수 있다. 이를 세부 분류하면 디지털 더블(Digital Double) 방식, 게임 엔진(Engine Based) 방식과 딥페이크(Deepfake) 방식으로 나눠 볼 수 있다(김광집, 2024).

Full 3D 기반의 디지털 더블은 영화 산업에서 지속적으로 사용해 왔다. 메타버스 게임 '프리시티' 속 NPC(Non-Player Character)에게 자아가 생기면서 발생하는 이야기를 다룬 영화 〈프리가이〉에서, 주인공 가이를 저지하기 영화 속 빌런 '앤트완'은 가이와 닮은 최종병기 '듀드(Dude)'를 만들어 낸다. 듀드는 가이의 넥스트 레벨로 표현되기에 외형만 커진 모습을 하고 있다. 제작진은 이를 위해, 디지털 더블 기술을 이용했다. 우선, 3D 스캐닝을 통해 주인공의 얼굴을 그대로 디지털로 제작하고, 신체를 연기하는 별도의 배우를 촬영하여 얼굴만을 교체하는 방식을 이용했다. 디지털 더블 방식은 원본 대상의 물리적인 특징과 외모, 움직임 등을 정확하게 3D로 재현하는 것을 목표로 한다. 따라서 높은 퀄리티로 표현할 수 있다는 장점이 있으나, 정확한 3D 모델링의 필요성 때문에 인물에 대한 3D 스캐닝과 고품질의 텍스처, 셰이딩 등의 작업 등이 요구되며, 이는 높은 비용과 많은 제작 시간을 필요로 한다. 국내에서 대표적인 3D 기반의 디지털 더블 방식 사례로는 AI 버추얼 아티스트 그룹 시즌(Season)의 멤버 이아(iaaa)가 있으며, 2024년 공개한 뮤직비디오 〈우리의 계절〉과 영화 〈이름에게〉에 출연하며 디지털 더블 기반 버추얼 휴먼의 가능성을 보여 주었다.

2022년 MBN에서 방영한 〈아바타 싱어〉와 TV조선에서 방영한 〈아바드림〉은 대표적인 실시간 게임 엔진 방식의 사례다. 해당 프로그램들은 무대 위에 자신의 아바

타인 버추얼 휴먼을 내세우고, 무대 뒤에서 실존 연기자가 실시간 모션 캡처를 통해 퍼포먼스를 수행하며 경쟁하는 뮤직 서바이벌 프로그램이다. 게임 엔진을 이용했으며, 라이브 링크 시스템을 구축하여 모션 캡처을 이용해 실제 사람의 움직임을 버추얼 휴먼과 실시간으로 연동했다. 또한, 실시간 무대의 버추얼 휴먼의 모습을 실시간으로 관객에게 영상 송출해야 하기에 가상 프로덕션(Virtual Production, VP) 시스템도 함께 구성했다(김광집, 2023).

딥페이크의 대표적인 사례로는 2021년 티빙(TVING) 오리지널 콘텐츠 〈얼라이브〉가 있다. AI 기술을 활용한 4부작 음악 프로젝트로, 딥페이크 기술을 활용해 가수 고 유재하와 고 임윤택의 음성, 얼굴, 신체를 버추얼 휴먼으로 복원하여 신곡을 발표하는 콘셉트로 시청자의 관심을 받았다. 또한, 표정과 행동은 실존 연기자가 진행함으로써 자연스러운 모습을 구현했다. 이는 AI 기술이 배우의 외형을 대체한 대표적인 사례로 볼 수 있다.

완전한 대체: AI 연기자의 등장

AI가 보조 역할을 넘어 실존 배우가 전혀 필요하지 않은 가상의 인물로 뉴스 앵커, 광고 모델, 심지어 영화 속 캐릭터까지 완전히 대체할 수 있는 사례들도 나타나고 있다. 물론 특정 분야에 집중되어 있다.

가상의 인물이 스스로 발화하기 위해서는 텍스트를 음성으로 변환하는 TTS(Text to Speech) 기술과 해당 음성과 입 모양을 일치시키는 립싱크 기술이 필수적이다. 자연스러운 음성과 입 모양의 싱크는 더욱 사실적인 인물을 구현한다. 이를 통해 제작되는 콘텐츠는 대부분 특별한 감정보다는 정보 전달에 집중된 형태로 제시되고 있다. 대표적으로 제주도 도정 뉴스에서 활용하고 있는 가상 인간 아나운서 '제이나(J-NA, JEJU NEWS AI)'가 있다. 챗지피티(Chat GPT)를 활용하여 뉴스 원고를 작성하고, 대본을 AI 프로그램에 입력하면 제이나가 해당 원고를 읽는 영상이 생성되는 방식이다. 별도 촬영도 필요 없이 단 몇 분 만에 뉴스가 완성된다. 혁신적인 시도이지만 아직 목소리나 표정이 부자연스럽다는 평이 많다. 감정 표현의 한계 때문이다.

물론 감정을 표현하기 위한 기술도 개발되어 있다. 화남, 슬픔, 기쁨 등 다양한 감정의 목소리를 학습시켜 상황에 맞는 감정의 목소리를 구현한다. 실시간 대화를 구현할 경우, 상대방의 표정에서 감정을 파악하고 이를 기반으로 감정의 목소리로 반응할 수도 있다. 그러나 AI로의 완전한 대체에는 한계가 있다. 특히, 실존 배우의 독창적인 연기 해석과 시청자와의 정서적 연결은 AI가 완벽히 구현하기 어려운 영역이다. 이는 AI 배우가 인간의 연기를 보완하는 수준에 머물 수밖에 없는 이유 중 하나이다.

앞으로 버추얼 휴먼과 AI 배우의 공존은 영상 제작 방식과 콘텐츠의 다양성을 크게 확장할 것이다. 일부 영화나 광고에서 AI와 버추얼 휴먼을 활용해 비용을 절감하고, 빠르게 콘텐츠를 제작하는 한편, 인간 배우는 여전히 심도 있는 예술적 작품에서 핵심적인 역할을 담당할 것이다. 인간 배우는 감정의 깊이와 독창적인 해석을 통해 관객과의 정서적 연결을 가능하게 하며, 이는 AI가 결코 완전히 대체할 수 없는 부분이다.

배우들은 이러한 변화에 적응하기 위해 AI와 협력하는 방법을 모색해야 한다. 자신의 이미지나 목소리를 AI에 라이선스하여 새로운 창작 형태에 기여하거나, AI 기술을 활용해 보다 깊이 있는 연기와 표현의 영역을 탐구할 수 있다. 이로써 배우는 AI와 경쟁하는 것이 아니라, AI를 창의적 도구로 삼아 자신의 예술적 가치를 극대화할 수 있는 방향으로 나아가야 할 것이다.

결론적으로 AI와 버추얼 휴먼 기술은 배우의 역할을

완전히 대체하기보다는 보완하며 새로운 형태의 협업을 가능하게 할 것이다. 인간 배우는 AI 기술을 적극적으로 활용하여 독창성과 예술적 감동을 유지하고, 더욱 심화된 연기를 통해 인간미를 전달하는 방향으로 진화할 것이다. AI 시대의 연기자는 단순한 연기자가 아닌, 기술과 예술을 잇는 창조적 협력자로서 그 역할을 재정립하게 될 것이다.

참고문헌

김광집(2023). 버추얼 휴먼과 영상 콘텐츠의 미래. ≪글로벌ICT동향≫, 2023년 10월 1호.

김광집(2024). A study of virtual human production methods: Focusing on video contents. *The International Journal of Advanced Smart Convergence, 13*(1), 23~36.

안상현(2024.3.15). "월급 단돈 60만원..." 제주도 홍보하는 제이나 아나운서. 조선일보, https://www.chosun.com/economy/tech_it/2024/03/15/ST6BEFEB5RHS3PMA6WGQT3QJVQ//

조용석(2024). 음성으로 살아나는 캐릭터: AI 대화 기술의 미래. ≪ICT핫클립≫, 99호.

한영주(2023). AI기술로 리얼리티 그 이상을 초월하는 영상콘텐츠, ≪미디어 이슈 & 트렌드≫, 56호, 1~9.

06
AI 자막·더빙 기술

한 번의 녹음과 촬영으로 전 세계 언어에 맞는 입 모양과 목소리로 바꿀 수 있는 시대다. 자동 번역 기능과 Wav2Lip 등 AI 기술의 발전이 영상 미디어의 유통과 서비스에 미치는 영향을 논의한다.

AI와 야구?

AI로 인한 유통 방식 변화

영상 미디어 생태계에서 유통 방식은 과거의 제한적이고 수동적인 구조에서 디지털화를 거쳐 점진적으로 발전해 왔다. 재미있게도 넷플릭스(Netflix)의 발전사를 보면 이를 알 수 있다. 1997년 미국 캘리포니아 주 로스 가토스(Los Gatos)에서 디브이디 대여 서비스로 사업을 시작한 넷플릭스는 우편을 통해 디브이디를 배달하는 방식으로 주목을 받았다. 이후 2007년 스트리밍 서비스를 도입하며 디브이디 대여에서 디지털 플랫폼으로 사업의 중심을 옮기며 큰 성공을 거두었다(이호수, 2020).

이처럼 초기에는 영상 미디어 생태계의 유통 방식은 콘텐츠가 제작된 이후 비디오테이프나 디브이디 같은 물리적 매체를 통한 유통이 주를 이뤘다. 하지만, 배송 시간과 재고의 한계 같은 물리적 제약과 특정 국가나 지역으로 한정되는 지역적 제약이 있었다. 이후, 디지털 기술과 네트워크의 발전으로 스트리밍 플랫폼 같은 새로운 방식이 대두되면서 사용자가 인터넷만 연결되어 있다면 언제 어디서나 원하는 영상 미디어 콘텐츠를 시청할 수 있게 되면서, 물리적 · 지역적 제약을 극복할 수 있게 되었다. 더 빠르게 더 멀리 콘텐츠를 유통할 수 있게 되면서 영상 미디어 생태계는 급속도로 성장한다.

이제, AI 기술이 또 한 번의 핵심적인 유통 과정 변화를 준비하고 있다. AI가 영상 미디어의 제작부터 배포, 소비까지 모든 단계에서 영향을 미치며, 비용 절감과 효율성 향상의 실질적 효과를 창출하고 있다. 이 장에서는 AI를 활용한 자동 콘텐츠 생성과 AI 자막 · 더빙 제작 등 구체적인 사례를 통해 AI로 인한 유통의 변화를 알아보고, 앞으로의 발전 방향성에 대해 논의하고자 한다.

AI 자동화를 통한 시간 단축

영화, 방송 등 콘텐츠가 제작되는 단계만큼이나 콘텐츠가 소비자에게 전달되는 유통 과정도 중요하다. 기존 방송 환경에서는 유통 작업에 많은 인력과 비용이 투입되었고, 이는 콘텐츠 배포 속도와 효율성에 제약을 가하는 요인이었다. 그러나 AI 기술의 도입으로 이러한 유통 작업이 간소화 · 자동화되고 있다.

일반적으로 방송 프로그램을 만드는 데 많은 배경 음악이 사용된다. 대부분 그 시기 국내외에서 유행하는 곡으로 구성되는데, 해당 방송 프로그램이 해외로 유통될 경우 글로벌 음원 저작권 문제를 해결해야만 유통이 가능하다. 이때, 기존 방식에서는 작가와 프로듀서가 사용한 음원 리스트와 큐시트를 바탕으로 저작권을 확인한다. 물론, 제작 단계에서 해외 유통을 고려하여 음원을 정리해 두었을 경우에 그렇다. 대부분 음원 리스트나 큐시트를 정리해 두지 않았거나, 과거 프로그램을 유통하는 경우에는 직접 콘텐츠 내 모든 음원을 분석하여 큐시트를 정리해야 하는 어려운 상황이 발생한다. 이를 해결하기 위해 AI 기술이 사용된다.

AI는 콘텐츠 내 음원을 분석하여 자동으로 큐시트를 생성한다. 또한, 음원의 스펙트럼 분석 및 음향 특징 추출 등의 알고리즘을 기반으로 메타데이터를 생성하고, 저작권 데이터베이스와 비교 분석을 통해 저작권 상태를 판별한다. 이를 통해서 글로벌 음원 저작권을 확보할 수 있다면 괜찮지만, 저작권자를 찾기 어렵거나 저작권 사용료가 지나치게 비싼 경우가 발생할 수 있다. 이때, AI를 활용하여 기존 음원과 비슷한 톤과 장르의 음악을 새롭게 생성함으로써 저작권 문제를 해결할 수 있다. 이 모든 과정이 자동화되어 진행된다. 기존 인력이 며칠 동안 수작업으로 해야 했던 일을 AI를 활용해 단 몇 분 만에 해결할 수 있게 된 것이다. 또한, 기존 방식 대비 높은 정확성과 효율성을 보장하며, 유통 프로세스의 신뢰성을 강화하고 있다(송현호, 2023).

글로벌 유통의 벽을 낮추다

글로벌 OTT 플랫폼의 등장으로 콘텐츠의 서비스 지역이 전 세계로 확장되면서 〈킹덤〉, 〈오징어게임〉과 같은 K-콘텐츠가 더 빠르게 전 세계적으로 유통될 수 있는 환경이 구축되었다. 이미 대부분의 K-콘텐츠는 OTT 플랫폼을 통해 전 세계 동시 공개되고 있다. 물론, 비실시간 OTT 플랫폼에서 사전 제작된 콘텐츠가 공개되기 때문이기도 하지만, 앞으로는 AI 기술의 발전으로 인한 유통 과정의 변화로 더욱 효과적인 유통 과정을 경험할 수 있을 것이다(김조한, 2022).

과거에는 국내에서 제작된 방송 프로그램이 해외로 유통되기 위해서는 자막 또는 더빙 작업이 필요하다. 이는 스크립트 번역, 문화적 맥락 반영, 영상 싱크 조정의 작업이 요구되며, 더빙의 경우 여러 명의 원어민 배우를 고용하여 연기를 녹음해야 했다. 이는 많은 인력과 시간이 요구되는 과정이었다. 해외 방송 프로그램이 국내로 유통되는 경우에도 동일한 과정이 필요하다. 그러나 AI 기술의 발전으로 인해 각 나라에 적합한 표현으로 자막과 더빙이 자동 생성되는 가능성이 제시되며, 글로벌 시장에서 콘텐츠의 접근성을 극대화하고 있다.

기존 기계 번역 시스템은 문장 단위로 작동하기에, 전

체 문맥을 고려하지 못했다. 하지만, 대형 언어 모델(Large Language Model, LLM)의 발전으로 이 문제를 근원적으로 해결할 가능성을 열었다(유성, 2024).

AI 기반 자막 생성은 콘텐츠 내 주요 대사를 문자로 변환해 주는 STT(Speech To Text) 기술을 시작으로, RAG(Retrieval-Augmented Generation) 및 대형 언어 모델 기반의 기술을 활용하는 다단계 프로세스로 이루어진다. 먼저 STT는 음성을 텍스트로 변환하며, 발화된 대사의 시간 정보와 텍스트를 생성하는 데 핵심적인 역할을 한다. 이후 RAG 기술이 이 텍스트에 추가적인 문맥과 세부 정보를 제공하기 위해 외부 데이터베이스를 활용해 관련 정보를 검색 및 통합한다. 마지막으로 LLM은 번역 과정에서 문화적 맥락을 반영한 자연스러운 표현을 생성하며, 이를 통해 자막의 품질을 더욱 높인다. 이러한 다단계 접근은 단순한 음성 변환을 넘어, 문맥 이해와 문화적 적합성을 포함한 자막 제작 과정을 자동화 및 최적화하여 글로벌 유통의 효율성을 크게 향상한다.

국내에서는 LG유플러스가 자사 IPTV U+tv에 AI '익시(ixi)' 기반 자동 생성 자막 기능을 제공하고 있다. 이는 방송 프로그램이 텔레비전에서 송출된 후 10분 내 자막을 생성해 VOD로 제공하는 서비스다. 현재는 한국어 자막만 자동 생성하고 있으나 외국어 자동 자막 생성 서비스도 준비하고 있다(LG유플러스, 2024).

AI 기반 더빙 생성은 작성된 대사를 목소리로 변환해주는 TTS(Text To Speech) 기술과 입 모양을 맞추는 립싱크 기술이 필요하다. 초기에는 기존 원어민 배우가 타이밍에 맞춰 녹음을 진행하는 방식이었으나, AI로 생성되는 TTS 보이스를 적용하는 방식으로 변화함으로써 효율을 높였다. 그러나, 초기 TTS 보이스는 감정 표현이 제한적이고 자연스럽지 않다는 문제에 직면하게 된다. 이를 해결하기 위해 감정 표현이 가능한 TTS에 대한 다양한 연구들이 진행되었다. 국내 AI 회사 허드슨에이아이는 화자의 목소리에 감정과 개성을 담는 'Acting TTS' 기술과 언어와 음성을 원하는 목소리로 변경하는 'Acting Voice Conversion' 기술을 개발했다. 이를 활용하여 제작된 목소리는 실제 배우의 목소리와 감정을 담아 보다 자연스러운 결과물을 제공할 수 있다. 립싱크 기술은 대사와 입 모양이 맞지 않는 기존 더빙의 한계를 극복하기 위해 제시된 기술이다. 음성 데이터를 기반으로 영상 내 화자의 표정과 음성에 맞춘 입 모양을 합성하는 작업이다. 허드슨에이아이는 SK브로드밴드 Btv와의 협업을 통해 국내 최초로 'AI Voice Conversion' 기술이 적용된 장편 영화〈정직한 후보 2〉, 〈폴 600미터〉를 공개하기도 했다.

AI 기술은 영상 미디어 유통의 구조적 변화를 이끌며, 인력과 비용의 절감을 통해 산업 전반의 효율성을 크게 향상시키고 있다. 자동화된 프로세스는 콘텐츠 제작자와 유통업자 모두에게 실질적인 이점을 제공하며, 글로벌화된 접근 방식은 전 세계 소비자들에게 더욱 풍부한 콘텐츠 경험을 선사한다. 앞으로도 AI의 지속적인 발전은 유통 시장에 새로운 가능성을 열어 갈 것으로 기대되며, 이를 통해 영상 미디어 생태계는 보다 혁신적이고 포괄적인 방향으로 나아갈 것이다.

참고문헌

김조한(2022). 현실화된 AI와 방송콘텐츠의 시너지. ≪미디어 이슈 & 트렌드≫, 52호, 62~72.

송현호(2023). AI·디지털 기술 변화가 가져올 미디어·콘텐츠 산업 변화, ≪미디어 이슈 & 트렌드≫, 59호, 76~88.

유성(2024). AI 시대를 대비하는 SBS:혁신과 미래를 위한 전략. ≪미디어 이슈 & 트렌드≫, 64호, 18~30.

이호수(2020). 『넷플릭스 인사이트』. 21세기북스.

LG유플러스(2024.09.03). 'U+tv'에 AI 에이전트 적용… LG U+, 'AIPTV(AI+IPTV)' 시대 연다, https://lg.co.kr/media/release/28074

허드슨에이아이, https://www.hudson-ai.com/

07
AI 마케팅·홍보 콘텐츠 제작

콘텐츠 홍보를 위한 SNS 활동 및 포스터 제작 등 AI 기술을 활용한 사례와 방법에 대해 논의한다.

AI와 윤동주?

AI로 인한 마케팅의 변화

영화, 방송 등 콘텐츠가 제작되는 과정만큼이나 콘텐츠가 소비자에게 전달될 수 있도록 홍보하는 과정도 중요하다. 특히, 영상 미디어 플랫폼이 다양해지면서 기존의 TV 광고 중심에서 벗어나 SNS, 대형 디지털 사이니지(signage) 등 새로운 방식의 마케팅이 강조되고 있다. 플랫폼이 다양해지는 만큼 다양한 마케팅 전략이 요구된다.

일반적으로 영상 미디어 마케팅에는 많은 인력과 비용이 투입된다. 그러나 AI 기술의 도입으로 이러한 마케팅에도 변화가 생기고 있다. AI는 홍보 콘텐츠 제작에서부터 홍보 확산까지 전 주기에 걸쳐 영향을 미치고 있다. 이 장에서는 AI가 영상 미디어 마케팅에서 어떻게 활용되고 있는지, AI 기술 발전이 가져온 주요 변화를 탐구하고자 한다.

AI를 활용한 홍보 콘텐츠 제작

미드저니(MidJourney), GEN-3와 같이 생성형 AI를 활용한 영상 및 이미지 제작 솔루션이 등장하면서 방송사, 제작사 등 홍보 콘텐츠 제작에 AI를 적극적으로 활용하고 있다. 최근 MBN 예능 프로그램 〈더 와일드〉와 〈한 번쯤 이혼할 결심〉 홍보 포스터에 생성형 AI를 활용하여 주목받고 있다. 전통적으로 예능 프로그램의 홍보 포스터는 전문 디자이너가 수작업으로 제작했으며, 이는 시간과 비용이 많이 소요되는 작업이었다. 그러나 생성형 AI를 활용하여 몇 가지 키워드 입력만으로 포스터를 자동으로 생성한 것이다(박서연, 2024). 해당 프로그램의 김시형 프로듀서는 영상 제작 AI 카이버(Kaiber)와 런웨이(Runway), 미드저니를 사용하여 포스터를 제작했으며, 세 장의 포스터를 제작하는 데 두세 시간이 걸렸다고 한다. 물론, 제작을 하면서 원하는 구도와 이미지를 단번에 제작하기는 어렵지만, AI를 활용하여 초안을 작업 후 일부 후보정을 통해 효과적인 결과물을 얻을 수 있을 것이라 이야기했다. 이처럼 홍보 콘텐츠 제작에서 AI의 활용은 작업의 효율성 높여 준다. 방송 프로그램의 주요 장면이나 핵심 메시지를 분석해 자동으로 시각적 요소를 제안하며, 이를 통해 제작자는 다양한 디자인 시안을 빠르게 검토하고 최적의 결과물을 선택할 수 있다. 나아가 특정 연령대나 지역별로 선호도가 높은 색상이나 스타일을 반영한 포스터를 자동 생성해 여러 플랫폼에 동시에 배포할 수 있다. 이는 제작 시간을 단축하는 것은 물론, 홍보 콘텐츠의 다양성을 높이고 소비를 촉진할 수 있을 것이다.

AI를 활용하여 홍보 콘텐츠 제작을 자동화한 사례도 있다. 유튜브, 틱톡 등 숏폼(Short form) 콘텐츠를 포함하고 있는 플랫폼의 인기가 상승함에 따라 방송 프로그램 일부를 숏폼 콘텐츠로 제작해 유통하는 사례가 증가하고 있다. 숏폼 콘텐츠는 짧고 임팩트 있는 형식으로 제작되어, 소비자들의 주목을 끌고 플랫폼상에서 노출 빈도를 높이는 데 효과적이다. 그러나 이러한 콘텐츠를 제작하기 위해서는 원본 클립을 편집하고 적절한 자막을 추가하는 단순 반복형 작업이 필요하며, 이 과정에서 상당한 인력과 시간이 소요된다. 이를 해결하기 위해 SBS는 AI 기술을 도입해 자동 운영 서비스를 개발하고 있다(홍순기, 2022). 이미 관심 분야별 디지털 콘텐츠를 선별하고 자동으로 메타데이터를 생성 및 플랫폼에 게시하는 기능을 구현했으며, 게시된 디지털 클립을 대상으로 숏폼 콘텐츠로 자동 편집해 주는 기능을 고도화하고 있다.

이러한 기술은 수작업으로 진행되던 단순 반복 작업을 획기적으로 단축하고, 제작진들이 콘텐츠 기획과 같은 핵심적인 업무에 더 많은 시간을 투자할 수 있게 되었다. 또한, 소비자의 선호 변화에 빠르게 대응할 뿐만 아니라, 플랫폼별 최적화된 콘텐츠를 적시에 제공해 홍보 효과를 극대화할 수 있다(유성, 2024).

광고 타깃팅 및 개인화

과거의 영상 마케팅은 텔레비전 광고와 같은 대중 매체를 통한 일방향적 접근 방식이 주를 이루었다. 이러한 광고는 불특정 다수를 대상으로 했기 때문에 광고 효과를 정량적으로 측정하기 어려웠다. 또한, 대규모 예산을 요구하는 경우가 많아 방송사나 대형 프로덕션 위주로 활용이 일반적이었다.

현재는 소셜 미디어 플랫폼과 AI 분석 도구의 발전으로 개인화된 광고 타깃팅이 가능해졌다. 유튜브, 인스타그램, 틱톡 등의 플랫폼은 고급 알고리즘과 사용자 데이터를 기반으로 맞춤형 광고를 제공하며, 이는 낮은 예산으로도 높은 광고 효율성을 기대할 수 있게 한다. 메타(Meta)는 대표적인 SNS 페이스북(Facebook)에서 광고 목적에 맞는 최적의 청중에게 특정 콘텐츠를 자동으로 보여 준다(바이너척, 2024). 사용자들의 과거 클릭 이력, 관심사, 행동 패턴을 분석해 특정 관심사를 가진 사용자들에게만 광고를 노출해 효과를 높이는 것이다. 여기에는 사용자 데이터를 분석하기 위한 딥러닝과 협업 필터링(collaborative filtering) 알고리즘 등과 같은 AI 기술이 활용된다. 또한, 구글의 광고 플랫폼은 자연어 처리(NLP)와 머신 러닝을 결합해 검색 키워드와 사용자의 맥

략을 분석, 가장 적합한 광고를 제공한다(김준영, 2024). 이러한 기술은 광고주에게는 효율적인 예산 집행을, 소비자에게는 적합한 콘텐츠 노출을 가능하게 하여 양측 모두에게 이점을 제공한다.

영상 마케팅은 기술의 발전과 함께 과거와는 비교할 수 없을 정도로 접근성과 효율성이 향상되었다. AI 기반 도구, 소셜 미디어 플랫폼, 그리고 데이터 분석 기술은 중소기업과 개인 창작자에게도 영상 마케팅의 기회를 열어 주고 있다. 특히, 플랫폼의 다양화와 AI 기반 개인화 기술은 대규모 자본과 전문 인력이 없더라도 창의적이고 효과적인 마케팅을 실행할 수 있음을 의미한다. 앞으로도 영상 미디어 마케팅은 AI 기술 혁신과 함께 더욱 진화할 것이며, 그 잠재력은 무궁무진하다.

참고문헌

게리 바이너척(2024). 『플랫폼을 지배하는 조회수의 법칙』. 알에이치코리아.

김준영(2024). 『AI로 쉽게 YOUTUBE 동영상 만들기』. e퍼플.

박서연(2024.01.24). MBN 예능 포스터, '생성 AI' 활용 눈길, 미디어오늘, https://www.mediatoday.co.kr/news/articleView.html?idxno=315388

손정우·한민호·김선중(2019). 인공지능 기반 영상 콘텐츠 생성 기술

동향. ≪전자통신동향분석≫, 34권 3호, 34~42.
유성(2024). AI 시대를 대비하는 SBS:혁신과 미래를 위한 전략. ≪미디어 이슈 & 트렌드≫, 64호, 18~30.
홍순기(2022). 핫클립 생성 딥러닝을 활용한 방송시스템 구축 사례, ≪미디어 이슈 & 트렌드≫, 52호, 50~61.

08
플랫폼과 개인화된 시청자 경험

사용자 데이터를 분석하여 개인화된 추천 시스템을 구축하고, 시청자에게 맞춤형 콘텐츠를 제공하는 방법에 대해 논의한다.

AI와 한의학?

OTT와 AI의 등장

영상 미디어 생태계에서 OTT 플랫폼의 등장은 영상 콘텐츠 소비 방식에 큰 변화를 불러일으키며 미디어 소비의 새로운 전환점을 만들어 냈다. 과거의 영상 미디어는 방송 중심적이고 선형적인 소비 패턴을 중심으로 운영되어, 시청자들은 정해진 시간표에 맞춰 제한적으로 콘텐츠를 선택해야만 했다. 반면, OTT 플랫폼은 사용자가 원하는 시간과 장소에서 선호하는 콘텐츠를 자유롭게 선택할 수 있도록 하여 비선형적 소비를 가능하게 했다. 클라우드 컴퓨팅 기술의 발전과 스마트 기기의 보편화로 시청 방법도 1개의 TV가 아닌 인터넷이 연결된 여러 기기에서 자유롭게 볼 수 있는 N-스크린(N-screen)으로 확장되었다. 이로 인해 사용자 경험의 개인화가 점차 강조되고 있다. 이는 단순한 편의 제공을 넘어 사용자와 플랫폼의 지속적인 상호 작용을 가능하게 하는 중요한 요소로 자리 잡았다. 유튜브와 넷플릭스 사용자 200명을 대상으로 실시한 설문 조사에서는 개인화 서비스에 대한 사용자 기대와 효용성이 일치할 때 플랫폼 지속 사용 의도가 높아진다는 점이 입증되었다(한소율 · 권상희, 2022). 이처럼 개인화된 경험 제공은 OTT 플랫폼이 경쟁력을 유지하고 사용자 충성도를 높이는 데 필수적인 요소로 작용하고 있다.

인공지능 기술은 개인화된 경험을 극대화하는 핵심 기술로, 방대한 사용자 데이터를 분석하여 시청자의 취향과 행동을 예측하고 개인화된 콘텐츠를 제공하는 데 활용된다. 예를 들어, 넷플릭스와 유튜브는 AI 기술을 활용하여 사용자 경험을 최적화하고 이를 통해 충성도를 강화하고 있다. 이 장에서는 AI 기술이 OTT 플랫폼에서 어떻게 활용되고 있으며, 사용자 맞춤형 시청 경험을 실현하는 방법에 대해 논의하고자 한다.

추천 알고리즘의 발전과 작동 원리

1979년 텍사스대학교 일레인 리치(Elaine Rich) 교수는 "고정관념을 통한 사용자 모델링(User Modeling via Stereotypes)"이라는 논문에서 초기 도서 추천 시스템인 '그런디(Grundy)'를 선보였다. 이 시스템은 도서관 이용자들에게 몇 가지 질문을 통해 적합한 도서를 추천하도록 설계되었다. 아이디어는 단순하지만 사용자의 선호를 체계적으로 모델링하려는 선구적인 시도로 평가받는다(이승우, 2024).

1990년대에 이르러서는 이러한 개념이 실질적으로 구현되기 시작했다. 당시 추천 시스템은 콘텐츠 기반 필터링과 협업 필터링이라는 두 가지 접근 방식으로 제시되었다.

콘텐츠 기반 필터링은 '콘텐츠' 자체를 추천의 기준으로 한다. 콘텐츠 자체를 분석하여 소비자의 취향과 선호에 맞는 항목을 추천하는 방식이다. 영화를 추천하기 위해서는 영화 자체를 분석하고, 제품이라면 제품 설명을 분석하는 것이다. 이를 위해 콘텐츠 제공 회사가 보유하고 있는 학습 데이터의 특성을 추출하고, 각 특성을 분석한 프로파일을 기반으로 소비자가 이미 소비한 콘텐츠의 프로파일과 유사성을 계산하여 추천한다. 예를 들어 영화 추천 시스템이라면 여러 편의 영화를 분석해 장르, 등장인물, 감독 등의 항목을 추출하고 각각의 프로파일을 생성한다. 이를 사용자의 기존 선호하는 영화의 특성을 기준으로 생성된 사용자의 프로파일과 비교함으로써 사용자가 선호하는 영화를 제공하는 방식이다. 소비자가 이미 소비한 콘텐츠의 프로파일과 비교하기 때문에, 이를 벗어난 콘텐츠의 추천이 어려워 다양성이 부족하다는 한계를 갖는다.

반면, 협업 필터링은 콘텐츠 기반 필터링과 다르게 '사용자'를 분석의 기준으로 삼는다. 다른 사용자들의 행동 데이터를 분석하여 목표 사용자와 유사한 성향이나 선호를 가진 사용자들이 좋아했던 콘텐츠를 식별하고, 이를 기반으로 해당 사용자가 흥미를 가질 가능성이 높은 콘텐츠를 추천하는 방식이다. 대규모 데이터베이스에서 비슷한 행동을 보인 사용자를 프로파일링하여, 그들이 공통으로 소비한 콘텐츠를 목표 사용자에게 제공함으로써 높은 수준의 개인화된 경험을 제공하는 것이다. 예를 들어, 특정 장르의 영화를 자주 시청하는 사용자 집단이 있으면, 이 집단의 다른 사용자가 선호한 영화들을 목표 사용자에게 제안하는 방식이다. 페이스북이나 링크드인에서 흔히 볼 수 있는 콘텐츠 추천이나 그룹 추천이 이러한 협업 필터링에 기반을 둔 것이라 볼 수 있다. 여러 사람들에게 얻은 정보를 기반으로 하는 추천 시스템이기에 만족스러운 결과를 도출할 수 있으나, 초기 대규모의 정보와 유사 이용자군까지의 정보 확보가 필수적이라 데이터 확보가 어려운 환경에서는 시도가 어려운 영역이다(김대원, 2019). 또한, 추천을 위해서는 기존 데이터가 반드시 필요하기 때문에 신규 사용자에게는 어떠한 것도 추천할 수 없는 '콜드 스타트(cold start)' 등의 문제가 발생할 수 있다.

2000년대 이후, 협업 필터링과 콘텐츠 기반 필터링의 단점을 보완하기 위해 두 알고리즘과 여러 다른 알고리즘을 융합한 '앙상블(ensemble)' 체계가 제시되어 사용되고 있다. 앙상블 체계는 협업 필터링의 새롭고 다양한 추천 능력과 콘텐츠 기반 필터링의 정교함을 결합하여 각 알고리즘의 장점을 극대화한다. 콘텐츠 기반 필터링은 사용자의 기존 선호를 심화하지만, 새로운 콘텐츠를 추천하는 데 한계가 있다. 반면, 협업 필터링은 새로운 소비 패턴을 발견하고 이를 추천으로 연결하는 데 강점이 있어, 사용자의 소비 영역을 확장하는 데 효과적이다. 이러한 방식은 추천 알고리즘의 효과를 극대화하며, 사용자 경험을 혁신적으로 개선하는 데 중요한 역할을 하고 있다.

이러한 AI가 추천 시스템과 융합된 초기 사례로는 1997년 무비렌즈(Movielens)가 있으며, 이후 2006년 넷플릭스가 '넷플릭스 프라이즈' 대회를 통해 AI 기반 추천 기술의 잠재력을 대중화했다. 이 대회는 추천 시스템의 정확도를 향상하기 위해 100만 달러의 상금을 걸며 전 세계 개발자들이 경쟁하도록 독려했다. 이를 계기로 업계는 협업 필터링과 머신 러닝 알고리즘의 결합이라는 새로운 가능성을 모색하게 되었으며, 2010년대 이후 딥러닝의 부상과 빅데이터 기술의 발전은 추천 알고리즘의 또 다른 전환점을 마련했다.

주요 OTT 플랫폼의 AI 활용 사례

유튜브의 AI 추천 시스템은 두 개의 심층 신경망으로 구성된다. 첫 번째는 추천 후보를 생성하는 네트워크이며, 두 번째는 생성된 후보의 우선순위를 평가하는 네트워크이다(전상훈 · 신승중, 2021). 추천 후보 생성 네트워크는 사용자의 동영상 시청 이력, 검색 키워드, 위치, 나이, 성별 등 다양한 사용자 데이터를 심층적으로 분석하여 선호 콘텐츠를 식별한다. 이 네트워크는 사용자가 관심을 가질 가능성이 높은 수십만 개의 동영상 중 몇백 개의 후보를 선정한다. 이후, 순위 평가 네트워크는 이러한 후보에 대해 예상 시청 시간을 기반으로 추천 순위를 결정한다. 이는 단순히 추천 수와 같은 표면적인 지표가 아닌, 사용자 참여도와 콘텐츠 소비 패턴을 중심으로 최적화된다. AI는 이 과정에서 심층 신경망을 활용하여 사용자의 선호도를 정교하게 모델링한다. 검색 키워드와 동영상 카테고리 간의 연관성을 파악하거나, 시청 이력에서 장르나 시청 시간대와 같은 특정한 패턴을 학습한다. 또한, AI는 실시간 데이터를 처리하여 추천 시스템이 변화하는 사용자 선호에 신속히 적응할 수 있도록 한다. 이를 위해 강화 학습 기법이 적용되어 사용자의 클릭이나 시청 완료 여부와 같은 즉각적인 반응을 학습하고,

다음 추천 리스트에 반영함으로써 개인화된 경험을 제공한다. 유튜브의 AI 추천 시스템은 이렇게 방대한 데이터를 실시간으로 처리하고 분석하며, 사용자에게 가장 적합한 콘텐츠를 추천하는 데 필수적인 역할을 한다.

넷플릭스의 동영상 추천 시스템은 콘텐츠 기반 필터링과 협업 필터링을 결합하여 사용자 경험을 최적화한다(전상훈 · 신승중, 2021). 콘텐츠 기반 필터링은 동영상의 장르, 감독, 배우와 같은 특성을 분석하여 유사한 콘텐츠를 추천한다. 이 과정에서 넷플릭스는 대량의 데이터에서 특성을 추출하고 이를 구조화된 프로파일로 정리한다. 협업 필터링은 기존 사용자 데이터에서 유사한 선호도를 가진 사용자 그룹을 식별하고, 해당 그룹의 시청 기록을 바탕으로 콘텐츠를 추천한다. 이는 사용자 간의 행동 데이터를 비교하여 비슷한 취향을 가진 그룹을 발견하고, 그들이 즐긴 콘텐츠를 활용해 추천을 생성하는 방식이다. 넷플릭스는 이 과정에서 AI 기반의 머신 러닝 알고리즘을 활용하여 데이터를 분석한다. 특히, 감독 학습(Supervised Learning)과 비감독 학습(Unsupervised Learning) 알고리즘을 결합하여 사용자 데이터에서 패턴을 학습하고, 이를 바탕으로 개인화된 추천 결과를 제공한다. 감독 학습은 사용자의 선호와 시청 데이터를 명시적으로 활용하며, 비감독 학습은 사용자 행동의 숨겨진 구조를 탐구하여 잠재적인 관심사를 발견한다. 또한 실시간 데이터 처리와 분석을 통해 사용자의 행동 변화에 신속히 대응한다. 사용자가 최근 특정 장르에 관심을 보인다면, AI는 이러한 패턴을 학습하여 관련 콘텐츠를 즉각적으로 추천한다. 이 과정에서 딥러닝 알고리즘은 방대한 데이터 세트를 처리하며, 추천의 정확도를 높이고 맞춤형 콘텐츠를 정밀하게 제공함으로써 사용자 경험을 개선한다.

균형 잡힌 개인화와 콘텐츠의 다양성

추천 시스템은 사용자 경험을 극대화하고 콘텐츠 소비를 개인화하는 데 중요한 역할을 하지만, 여전히 몇 가지 한계가 있다.

첫째, 추천 시스템은 다수 사용자의 선호도에 지나치게 편중되는 경향을 보일 수 있다. 알고리즘은 대중적으로 선호되는 콘텐츠를 우선 추천하기 때문에 개별적이고 독창적인 취향을 가진 사용자가 배제되거나, 플랫폼 내에서 다양한 콘텐츠를 탐색할 기회를 잃게 되는 상황이 발생한다. 이는 대중적인 콘텐츠에 자원을 집중하도록 유도하며, 결과적으로 소수 취향의 콘텐츠는 가시성을 상실하게 된다. 이러한 현상은 플랫폼의 콘텐츠 다양성을 감소시키는 주요 원인 중 하나로 작용할 수 있다.

둘째, 새로운 콘텐츠 노출에의 한계다. 알고리즘이 기존 데이터를 기반으로 작동하기 때문에 충분한 데이터가 없는 신작 콘텐츠나 신규 창작자는 추천 목록에서 배제될 가능성이 크다. 이는 창작자와 사용자 모두에게 새로운 콘텐츠를 제공하고 발견할 기회를 제한하는 결과를 초래한다. 신규 창작자들이 경쟁에서 불리해지는 상황은 결국 창작 생태계의 다양성을 저해하며, 콘텐츠 소비의 폭을 좁히는 요인으로 작용할 수 있다.

이러한 한계를 극복하기 위해 추천 시스템은 AI 기술의 지속적인 발전과 함께 점차 정교하게 진화하고 있다. 딥러닝 기술은 사용자의 선호도를 보다 세밀하게 분석할 수 있도록 하며, 강화 학습 기법은 실시간으로 변화하는 사용자 행동에 적응하는 능력을 부여한다. 또한, 알고리즘의 발전은 편향된 데이터 제공을 개선하여 다양한 취향과 신작 콘텐츠가 더 높은 가시성을 확보할 수 있도록 돕고 있다. 앞으로의 추천 시스템은 더욱 균형 잡힌 개인화와 콘텐츠 다양성을 구현하는 방향으로 발전할 것으로 기대된다.

AI 기술의 진보는 단순히 사용자 맞춤형 콘텐츠를 제

공하는 것을 넘어, 사용자와 플랫폼의 상호 작용을 강화하고 창작 생태계를 더욱 풍요롭게 만드는 데 기여할 것이다. 이러한 기술적 진보는 사용자와 창작자 모두에게 새로운 기회와 혁신적인 경험을 제공할 것으로 기대된다.

참고문헌

김대원(2019). 추천 알고리즘의 개념과 적용, 그리고 발전의 양상, https://www.kocca.kr/trend/vol20/sub/s21.html

이승우(2024.06.09). OTT 넷플릭스가 촉발한 취향저격 추천 알고리즘. 한경, https://www.hankyung.com/article/2024060940091

전상훈·신승중(2021). 인공지능 맞춤 추천서비스 기반 온라인 동영상(OTT) 콘텐츠 제작 기술 비교. ≪한국인터넷방송통신학회≫, 21권 3호, 99~105.

한소율·권상희(2022). 개인화 추천 서비스와 기대일치가 OTT 플랫폼 지속사용의도에 미치는 영향 연구 유튜브(Youtube)와 넷플릭스(Netflix) 섬네일(Thumbnail)을 중심으로. ≪한국언론정보학보≫, 111호, 151~180.

09
AI 시대 영상 미디어 생태계의 명암

자유로운 창작이 가능한 AI 시대에 콘텐츠 규제,
저작권 보호 등 윤리적 측면에 대해 논의한다.

AI와 화장품?

AI의 명암

분명 인공지능은 영상 미디어 분야를 넘어 창작 분야에서 혁신적인 변화를 가져오고 있다. 인공지능은 텍스트, 이미지, 음성, 비디오 데이터를 학습하여 콘텐츠 제작 과정을 자동화하고, 창작의 효율성을 크게 향상했다. 다양한 아이디어 개발을 지원하여 아티스트와 작가들에게 새로운 창작 도구로 자리 잡아 접근성을 확대했다. 나아가 누구나 쉽게 창작 활동에 참여할 수 있는 환경을 제공했다. 그러나 모든 기술이 그러하듯 AI 기술의 발전에 긍정적인 측면만 있는 것은 아니다. 성별, 인종, 문화 등에 따른 데이터 편향성 문제, 데이터 학습 과정에서 저작권이 보호되는 자료나 개인정보 등을 무단 사용하는 문제, 유사한 영상이나 이미지 등의 저작권 귀속 문제 등 새로운 윤리적, 법적 문제를 동반한다.

이 장에서는 AI 시대에 발생하고 있는 다양한 문제를 사례를 통해 알아보고, 이를 해결하기 위한 규제와 정책의 현재 국내외 방향성과 개인 노력의 필요성에 대해 논의하고자 한다.

창작물의 저작권 쟁점

AI 기술의 도입은 창작 과정을 효율화했지만, AI가 생성한 콘텐츠가 기존 저작권법에서 정의하는 '저작물'로 인정될 수 있는지 논란이 이어지고 있다. 2022년 '파라다이스로 가는 최근 입구(A Recent Entrance to Paradise)' 사건은 AI가 생성한 콘텐츠의 저작권 인정 여부를 두고 논란이 된 대표적인 사례다. 이 사건은 스티븐 세일러(Stephen Thaler)가 '창작 기계(Creativity Machine)'라 불리는 AI 알고리즘 다부스(DABUS)를 개발하여 그 AI가 제작한 디지털 이미지에 대해 저작권 등록을 신청하면서 시작되었다. 미국 저작권청은 '저작물은 인간의 창조적 노동의 산물이어야 한다'는 저작권법의 기본 원칙을 들며 해당 신청을 거부했다. 저작권청은 AI가 단독으로 창작한 작품은 '인간 저작자 요건(human authorship requirement)'을 충족하지 못한다고 판단했고, 이로 인해 등록이 불가능하다고 결론 내렸다. 하지만, 저작권법이 아닌 특허법으로는 호주에서 다부스 AI 시스템이 발명자로 등록되었다. 해당 사건은 AI 산출물의 법적 지위와 관련하여 국제적 논의를 촉발했으며, 저작권법 개정 필요성에 대한 주요 사례로 자리 잡았다.

국내에서는 유명 작가의 시를 프롬프트로 활용하고, AI가 생성한 영상물을 2차적 저작물이라 주장하며 저작권 등록을 시도한 사례가 있었으나, 한국저작권위원회는 '인간'의 창작물만을 저작물로 보기 때문에 저작권 등록 대상 또한 '인간의 창작물'로 한정해야 하며, AI 산출물에 대해서는 저작권 등록이 불가하다다고 통보했다. 현재 우리나라 저작권법은 저작물을 '인간의 사상 또는 감정을 표현한 창작물'로 정의하며, AI가 독립적으로 생성한 결과물은 여기에 포함되지 않는 경우가 많다. 한국저작권위원회 생성형 AI 저작권 안내서에서는 AI를 통해 만들어 낸 결과물을 'AI 창작물', 'AI 저작물'이 아닌 'AI 산출물' 또는 'AI 결과물'로 정의하고 있다. 특허 발명의 경우도 AI가 창작한 발명품에 대해 특허권을 부여해야 하는지에 대한 논의가 있었지만, 우리나라를 포함한 미국, 유럽 등 대부분의 국가는 발명자를 '인간'만이 가능하다고 해석하고 있다. 앞서 언급된 '파라다이스로 가는 최근 입구'의 호주 사례도 호주 연방법원이 호주 특허법에 발명자는 '인간'이어야 한다는 규정이 없다는 점을 이유로 AI를 발명자로 인정하는 판결을 내렸으나, 호주 특허청이 항소하여 아직 최종 판단이 내려지지는 않았다(송선미, 2022).

이처럼, 인간의 창작적 개입 없이 AI가 자체적으로 생성한 산출물은 저작물로 인정되지는 않지만, 창작자인 '인간'이 AI 산출물에 추가적으로 선택, 증감 등 창의적으로 추가 구성한 부분에 대해서는 '추가 작업한 부분에 한해서' 저작권 등록이 가능할 수 있다. 또한, AI 산출물 자체를 등록할 수 없더라도 AI 산출물들을 선택, 배열한 것에 창작성이 있다면 이를 '편집저작물'로 등록이 가능하다(송선미, 2022).

대표적으로, 이미지 생성 AI '미드저니(Midjourney)'를 이용하여 일러스트레이션을 만들고 이를 작품에 넣어 만든 〈새벽의 자리야〉가 '편집저작물'로 등록된 사례가 있다. 미국 저작권청은 초기 해당 작품이 AI를 활용한 작품인지 몰라 저작권 등록을 승인했다가, 이후 해당 사실을 알게 되어 기존 등록을 취소하고, 신규 등록증을 발급했다. 다만, 작가가 창작에 기여한 부분인 텍스트, AI로 생성된 그림을 선택, 배열 및 조정한 것에 대해서만 인정하며 AI 산출물인 일러스트레이션은 불인정했다.

국내에서도 유사하게 AI 영화인 〈AI 수로부인〉에 대해서 AI 영화 자체의 저작물 등록은 불가하지만, '편집저작물'로 인정했다. 일부 언론을 통해 "국내 생성형 AI 영화 저작권 첫 인정" 등의 보도가 있었지만, 한국저작권위원회는 보도 사실관계 설명문을 통해 AI를 활용한 영화 자체의 저작물 등록은 불가하다는 원칙을 안내했다.

데이터 학습과 편향성 문제

AI 산출물에 대한 저작권 문제 이외에도, 데이터 수집 및 모델 학습 단계의 문제도 제시되고 있다. AI 모델 학습은 대량의 데이터 사용을 전제로 하기 때문에, 최종 생성된 AI 산출물은 데이터의 영향을 받을 수밖에 없다. 만약, 데이터에 포함된 자료가 저작권법의 보호를 받는 경우, 데이터 무단 사용이 저작권 침해로 간주될 가능성이 높다.

2023년 6월 국내 유명 웹툰 서비스인 네이버웹툰의 '도전 만화'에 AI 웹툰 보이콧과 관련된 60여 개의 게시물이 올라왔다. 게시물 중 일부가 인기 순위에 올라 많은 사람의 관심을 받았다. 도전 만화는 네이버웹툰이 유망한 아마추어 웹툰 작가를 발굴하기 위해 만든 공간으로 누구나 게시물을 올릴 수 있다. 해당 보이콧의 내용을 살펴보면 네이버웹툰 이용약관 제16조 2항 '자사 서비스 내 게시물을 네이버웹툰 및 네이버 서비스를 위한 연구 목적으로 활용할 수 있다'고 명시한 것에 대해 아마추어 웹툰 작가 작품들이 무단으로 AI 학습 데이터로 활용될 가능성이 있다고 주장한 것이다. 네이버웹툰에서는 해당 작품들을 AI로 활용했거나 활용할 계획이 없다고 했지만, 논란은 쉽게 가라앉지 않았다. 유사하게 네이버의 언론사 제휴 약관 제8조 제3항에서도 '네이버는 서비스

개선, 새로운 서비스 개발을 위한 연구를 위해 직접, 공동으로 또는 제3자에게 위탁하는 방식으로 정보를 이용할 수 있습니다. 단, 이 경우 사전에 제공자의 동의를 얻어야 합니다'라는 규정으로 인해, 네이버의 하이퍼클로바X 개발을 위한 학습 데이터로 활용되는 것이 아닌지 논란이 있었다(구창훈, 2023). 이러한 현상은 AI에 대한 명확한 규제나 관련법이 제시되지 않았기 때문에 AI에 대한 불안감이 증폭된 결과로 나타났을 것이다.

데이터 무단 사용 문제 이외에도 AI 모델 학습은 데이터의 편향성에 대한 문제도 불러일으키고 있다. 특정 정치적 입장이나 문화, 인종의 편향된 정보를 기반으로 학습한 AI 모델의 결과물은 편향된 성향을 나타낸다.

미국 스탠퍼드대학 연구진은 ≪네이처(Nature)≫에 AI 편향성과 관련된 논문을 게제했다(Nature, 2024). 해당 논문에서는 오픈AI(Open AI)의 이미지 생성 모델 달리(DALL-E)와 같은 생성형 AI가 학습 데이터의 편향성으로 인해 사회적 편견, 특히 성별 및 인종에 대한 편향성을 나타낼 수 있다는 내용을 다루고 있다. 대표적인 사례는 다음과 같다. 'CEO' 또는 '의사'와 같은 직업명을 입력했을 때 생성된 이미지가 대부분 남성을 보여 주었고, '간호사'나 '교사'는 주로 여성을 묘사했다. '아프리카 남성'을 입력했을 때 생성된 이미지들은 빈곤하거나 전통적인 복장을 강조한 것으로 나타났으며, '아름다움'과 같은 추상적인 키워드에서 특정 인종의 사람들(주로 백인)이 더 빈번하게 등장했다. 이러한 편향성은 AI 모델이 학습하는 데이터 세트에 내재된 불균형에서 비롯된다. 학습 데이터에 특정 성별이나 인종이 과도하게 대표되거나 반대로 과소 대표될 경우, AI는 이를 반영하여 편향된 결과를 생성하게 된다. 이로 인해 AI가 생성한 콘텐츠는 사회적 고정관념을 강화하거나, 특정 집단에 대한 부정확한 묘사를 초래할 수 있는 것이다.

이러한 문제에 대해 대응책을 마련하기 위해 국내외에서 다양한 노력이 이뤄지고 있다. 유럽연합(EU)은 세계 최초로 포괄적인 AI 규제 법안인 「EU 인공지능법(AI Act)」을 제정하며, AI의 개발과 활용에 따른 윤리적, 법적, 사회적 영향을 대비하고 있다(한국법제연구원, 2024). 유럽연합의 「인공지능법」은 AI 시스템을 사용하는 과정에서 발생할 수 있는 위험에 대해 규제하기 위해 제정되었다. AI 시스템을 위험 수준에 따라 4단계로 나누어 각각 다른 규제를 적용하고 있다. 의료나 법 집행 같은 중요한 분야에서 쓰이는 고위험 AI 시스템은 매우 엄격한 데이터 품질과 투명성 기준을 충족할 것을 요구

한다. 또한, AI가 사용한 데이터의 출처를 명확히 하도록 하고, 생성형 AI가 만든 결과물은 책임 소재를 분명히 할 것을 강조한다. 특히, 시민들의 권리를 침해할 가능성이 있는 AI 기술의 사용은 금지되며, 사용자가 AI를 통해 생성된 콘텐츠임을 알 수 있게 명시하도록 했다.

국내에서는 인공지능 산업 촉진을 위한 규제 실증 특례 도입, 데이터 생산 및 활용 촉진, 고위험 인공지능 정의 및 관련 제도 수립, 생성형 인공지능에 대한 정의 및 사전 고지 의무와 같은 법안이 2024년 제22대 국회에서 발의되었다. 또한, 기존 유럽연합 「인공지능법」은 위험성에 따라 4단계로 나눠 세부적으로 규제하는 반면 국내에서는 주로 고위험 인공지능에 초점을 맞추고 나머지 위험 수준에 대한 규정은 일부 법안에서만 다루고 있다. 종합해 보면, 국내 법안은 AI 산업 진흥에 더욱 초점을 두고 있으며, 규제에 대한 부분은 비교적 완화된 형태를 보이는 것이 특징이다. 법안 발의 이외에도 AI 창작물의 권리 귀속 문제를 해결하기 위해 저작권 학계와 법조계, 산업기술계 전문가들로 구성된 AI-저작권 제도개선 워킹 그룹을 운영하고 있으며, 생성형 AI 저작권 안내서를 발간하는 등 안정적인 AI 활용을 위해 노력하고 있다. 또한, 국립국어원, 한국저작권위원회, 한국지능정보사회

진흥원 등에서 누구나 자유롭게 이용 또는 활용할 수 있는 자유 이용 저작물(Public Domain)을 제공함으로써 AI 산업의 활성화를 위해 기여하고 있다.

창작의 자유와 보호를 동시에

AI 기술의 발전은 창작의 효율성을 높이고 새로운 가능성을 열었지만, 저작권 문제와 데이터 편향성 등 새로운 윤리적, 법적 과제를 동반하고 있다. 이러한 과제를 해결하기 위해서는 AI 기술을 규제하는 동시에 창작 생태계의 활성화를 지원하는 균형 잡힌 법적 제도적 접근이 필요하다. 이는 특정 국가만의 문제가 아닌 전 세계가 직면한 문제이기에 국가 간 협력을 통해 데이터 사용의 투명성과 권리 귀속 문제를 해결할 수 있는 표준화된 저작권 모델이 제시되어야 할 것이다. 또한, 정책의 방향성은 AI와 인간이 공존할 수 있는 환경을 조성하기 위해 창작의 자유와 보호를 동시에 보장할 수 있도록 나아가야 한다. 이를 위해서 AI 기술의 책임성과 투명성을 강화하기 위한 강력한 법적 · 제도적 장치가 함께 제시되어야 한다. AI 창작물의 저작권 문제를 명확히 하고, 데이터 편향성을 해결하기 위한 학습 데이터 관리 기준을 강화하며, 규제와 산업 촉진 사이에서 균형을 유지하는 법적 프레임워크가 마련되어야 한다. AI와 인간이 서로 보완하며 함께 성장할 수 있는 방향으로 나아가는 것이 우리가 추구해야 할 미래의 모습일 것이다.

참고문헌

구창훈(2023). 생성형 AI와 저작권 이슈. ≪방송문화≫, 2023년 겨울호, 30~43.

송선미(2022). AI 창작물의 저작권 보호에 관한 해외 동향. ≪한국저작권위원회 이슈리포트≫, 2022-2호.

한국법제연구원(2024). 유럽연합 인공지능법(번역본). https://www.klri.re.kr/kor/data/S/1026/view.do

Nature(2024). AI image generators often give racist and sexist results: can they be fixed?. https://www.nature.com/articles/d41586-024-00674-9

10
AI 시대 영상 미디어의 미래 전망

앞으로 발전할 AI 기술에 대해 이야기하고, 영상 미디어 산업 종사자로서의 준비해야 할 자세에 대해 논의한다.

종교와 AI?

AI 기술의 발전은 인간을 향한다

AI 기술의 발전은 영상 미디어 산업에서 급격한 변화를 이끌고 있다. 영상 미디어의 제작과 소비 모든 부분에서 AI 기술이 활용되고 있다. 창작자들은 반복적이고 기술 집약적인 작업에서 벗어나 창의적인 활동에 더 집중할 수 있게 되었으며, AI를 활용해 상상하던 것을 빠르고 쉽게 시각화할 수 있는 환경이 제공되었다. 시청자들은 본인의 취향에 맞는 콘텐츠를 보다 쉽게 추천받을 수 있고, 전 세계의 다양한 콘텐츠를 언제 어디서든 볼 수 있게 되었다. AI는 단순히 업무의 효율성을 높이는 데 그치지 않고 창작의 가능성을 확장하는 데 초점을 맞추고 있다. AI는 인간의 창의성과 결합할 때 비로소 그 진정한 가치를 발휘한다. 기술의 발전은 인간을 향하고 있지만, 그 방향성을 정하는 것 또한 인간이다. 아무리 정교한 AI 기술이라도 그 자체로는 의미를 찾을 수 없다. 이를 도구로 활용하여 창의적이고 감성적인 콘텐츠를 제작하는 것은 결국 인간의 몫인 것이다.

AI 기술은 앞으로도 더욱 발전하며 영상 미디어 제작 과정에서 새로운 도구와 기술들을 선보일 것이다. 그러나 이러한 발전은 도구의 사용자인 인간의 창의성과 결합할 때만 그 진정한 가치를 발현할 수 있다. 따라서, 기술 발전의 방향성은 인간과 AI의 협업을 중심으로 창의적 잠재력을 극대화하는 데 초점을 맞춰야 한다. 그렇다면 우리는 무엇을 준비해야 하는가?

거대한 파도가 다가오고 있다

거대한 파도가 다가오고 있다. 누군가는 파도에 휩쓸리고, 누군가는 이를 타고 새로운 지평으로 도약할 것이다. AI 기술이 영상 미디어 생태계를 재편하고 있는 상황에서, 변화하는 환경에 대비해야 한다. 이를 위해 두 가지를 제언하고자 한다.

첫째, 창의성을 키우기 위해 노력해야 한다. 창작자의 역량과 소질을 나타내는 다양한 요소들이 있지만, 그중 대표적인 것은 '창의성'이다. 창의성은 기존의 지식과 경험을 새롭게 조합하고 재해석하여 혁신적인 아이디어를 만들어 내는 능력이다. 이는 AI가 쉽게 모방하기 어려운 인간 고유의 특성이며, 앞으로의 창작자의 가치를 높이는 능력이 될 것이다(김지은, 2024).

AI는 반복적이고 기술적인 작업을 자동화하여 창작자들이 창의적인 작업에 더 많은 시간을 할애할 수 있도록 돕는다. AI는 기존 데이터를 기반으로 학습하고 패턴을 인식하여 결과를 도출하지만, 완전히 새로운 아이디어를 창출하거나 윤리적 판단을 내리는 데는 한계가 있다. 이는 AI가 창작 도구를 대체할 수 있지만 창작자를 대체할 수 없는 이유다. 따라서, 창작자는 자신의 창의성을 극대화하기 위해 노력해야 한다.

우선, 창의성을 증진하기 위해서는 스스로 고민하고 문제를 해결하는 능력을 키워야 한다. 이 과정에서 고정된 사고방식에서 벗어나 새로운 접근법을 찾거나 독창적인 사고를 발전시킬 수 있다. 또한, 새로운 환경이나 문화를 체험함으로써 다양한 분야의 지식을 습득하고, 문제에 대한 다양한 시각을 가질 수 있다. 나아가 이를 바탕으로 새로운 아이디어를 발굴하고, 독창적인 스토리텔링 능력을 개발하며, 인간 고유의 감성적 표현을 강화하는 방향으로 이루어져야 한다.

둘째, AI에 대한 교육이 필요하다. 여기에는 두 가지 교육이 포함되어 있다. AI 기술을 이해하고 활용하기 위한 기술적 교육과 AI를 올바르게 사용하기 위한 리터러시 교육이다. 기술 교육은 AI를 도구로 활용하기 위해 작동 원리와 기능을 익히고, 각 분야에서 효과적으로 사용하는 방법을 학습하는 것을 의미한다. AI를 활용하여 시나리오를 분석하거나 촬영과 편집 과정을 자동화하고, 영상과 이미지를 생성하여 과정을 간소화하는 것 등이 있다. 이와 동시에 기술의 한계를 이해하고 적절한 활용 범위를 설정하는 능력도 요구된다. 대표적으로 AI 기술을 이용하여 영화 전체를 제작할 수 있지만 그 한계가 분명하다. 얼굴의 일관성 유지에 대한 문제, 감정 표현 등의 어려움이나 생성된 이미지에서 느껴지는 불쾌한 골짜기(Uncanny Valley) 등이 존재하기에, AI는 영화의 특정 장면을 대체하거나 후반 작업에서 작업 효율성을 높이는 방향으로 활용되고 있다. 이를 창작자가 이해하고 있어야 한다. 교육을 통해 창작자는 AI 기술의 발전 속도에 맞춘 지속 가능한 전략을 설계하고, 변화하는 환경에 민첩하게 적응하는 능력을 키울 수 있을 것이다.

리터러시 교육은 AI 기술을 올바르게 이해하고 활용하는 윤리적, 사회적 책임뿐만 아니라 정보의 정확성과 신뢰성을 평가하여 창의적으로 활용하는 능력을 포함한다(정용복, 2024). 창작자는 AI가 생성한 콘텐츠의 저작권 문제, 데이터 윤리 문제, 알고리즘의 편향성 등 윤리적 이슈를 깊이 이해해야 한다. 또한, AI가 제공하는 정보와 결과물이 올바른지 판단하고, 부정확하거나 편향된 데이터를 식별하는 능력을 키우는 것이 중요하다. AI가 사실과는 다른 내용을 생성하거나, 존재하지 않는 인물을 신뢰할 만한 근거로 제시하는 '할루시네이션(Hallucination)' 현상이 대표적인 문제로 지적되고 있다. 이는 콘텐츠 신뢰성에 큰 영향을 미칠 수 있기에 창작자가 이를 식별하고 수정하는 능력이 필수적으로 요구된다. 창작자는 AI가 생성한 결과물과 창작자의 창의적 개입을 통해 더 높은 수준의 창작물을 제작할 수 있는 방향을 모색해야 한다. 리터러시 교육은 창작 과정에서 윤리적 문제를 최소화하고, 정보의 신뢰성을 높이며, AI 기술의 잠재력을 최대화하는 데 기여할 수 있다.

AI는 조력자다

AI 기술은 영상 미디어 산업에 위협적인 존재가 아니라 협력적이고 창의적인 도구로, 나아가 조력자로 자리 잡고 있다. AI는 창작자들에게 더 많은 기회를 제공하며, 창작 과정을 혁신적으로 변화시키고 있다. 기술은 단순히 도구일 뿐이며, 이를 어떻게 활용할지는 결국 인간에게 달려 있다. 창작자는 AI와 협력하여 창의성과 감성을 극대화하고, 새로운 가능성을 탐구하며, 변화하는 환경 속에서 성장할 수 있는 능력을 갖춰야 한다.

결국, 우리는 AI 기술을 새로운 창작의 장을 열어갈 가능성으로 받아들여야 한다. AI 시대를 맞아 창작자와 영상 미디어 산업 종사자들은 변화를 긍정적으로 수용하고, 기술과 창의성을 결합하여 더욱 풍부한 미래를 만들어 나가야 할 것이다.

참고문헌

김지은(2024). 『AI 시대의 언브레이커블 인재』. 시원북스.
정용복(2024). 『AI 미디어 리터러시 교육』. 커뮤니케이션북스.

김광집

서울예술대학교 영상학부 교수이자 생성형 AI 콘텐츠와 버추얼 휴먼 전문 제작사인 스튜디오메타케이 대표다. 서울예술대학교 졸업 후 샌프란시스코주립대학교에서 학사 학위, 뉴욕시립대학교에서 제작석사(MFA) 학위, 광운대학교에서 공학박사 학위를 받았다. 애플의 파이널컷프로(Final Cut Pro) 국제공인 트레이너이며, 미국 디지트로브(Digitrove,Inc)에서 VFX 프로듀서로 재직하며 〈지아이조〉(2009), 〈아이언맨〉(2008) 외 다수의 할리우드 영화와 광고, 게임 제작에 참여했다. AI 영상, 가상현실 콘텐츠 및 다양한 특수 영상 분야의 제작 경험이 있다.

이재현

한화시스템에서 AI 기반 솔루션과 메타버스 플랫폼을 담당하고 있다. 서울예술대학교를 졸업한 뒤, 광운대학교에서 공학석사와 박사 학위를 취득했다. 광운대학교 실감콘텐츠단말기술연구센터 연구원 및 서울예술대학교 영상학부 겸임교수로 활동했다. 한국교육방송공사(EBS)에서 실감 콘텐츠 및 메타버스 책임프로듀서(CP)로 재직하며 다수의 교육 콘텐츠 제작에 참여했으며, 생성형 AI 콘텐츠 및 버추얼 휴먼 전문 제작사인 스튜디오메타케이에서 기술총괄로 재직하며 AI 콘텐츠 제작을 담당했다.